Reinventar a Educação

Edgar Morin
Carlos Jesús Delgado Díaz

Reinventar a Educação

Abrir caminhos para a metamorfose da humanidade

Tradução de
Irene Reis dos Santos

Palas Athena

Título original: Reinventar la educación

Grafia segundo o Acordo Ortográfico da Língua Portuguesa de 1990,
que entrou em vigor no Brasil em 2009

Coordenação editorial: Lia Diskin
Capa e projeto gráfico: Vera Rosenthal
Produção e diagramação: Tony Rodrigues
Imagem da capa – Amigos de Infância, da artista Inhá Bastos
Revisão técnica: Lia Diskin
Preparação de originais: Lucia Benfatti

Dados Internacionais de Catalogação na Publicação (CIP)
(Câmara Brasileira do Livro, SP, Brasil)

Morin, Edgar
Reinventar a educação: abrir caminhos para a metamorfose da humanidade / Edgar Morin, Carlos Jesús Delgado Díaz; tradução de Irene Reis dos Santos. – São Paulo: Palas Athena, 2016.

Título original: *Reinventar la educación*
Bibliografia

1. Educação - Filosofia 2. Educação - Finalidades e objetivos 3. Interdisciplinaridade e conhecimento 4. Interdisciplinaridade na educação I. Delgado Díaz, Carlos Jesús. II. Título.

16-06019 CDD-370.11

Índices para catálogo sistemático:
1. Educação: Finalidades e objetivos 370.11

1ª edição, agosto de 2016
2ª reimpressão, fevereiro de 2024

Direitos adquiridos para a língua portuguesa por
Palas Athena Editora
Alameda Lorena, 355 – Jardim Paulista
01424-001 – São Paulo, SP – Brasil
Fone (11) 3050-6188
www.palasathena.org.br
editora@palasathena.org.br

Conteúdo

Prefácio. A Humanidade: Crise, Transformação e Metamorfose

Este livro situa-se na rota traçada por *A cabeça bem-feita, Os sete saberes necessários à educação do futuro, Educar na era planetária, Terra-Pátria, A via* e *O caminho da esperança*. Neles se reúnem ideias sobre a educação e o ensino, a política e seu lugar no mundo em que vivemos. A inspiração vem destes e da série *O Método*, mas não pretende repeti-los e sim reuni-los para compreender melhor nosso contexto e o estreito e recursivo vínculo entre educação, cidadania e política.

O vínculo entre educação, cidadania e política transcende os laços que entretecem os interesses que se plasmam na educação e na política como atividades centrais das sociedades contemporâneas, pois concerne à universalidade do político e do educativo, aos processos de regulação e de suporte, condução e suposto controle sobre os destinos da humanidade e de cada um dos humanos.

A ilusão do conhecimento único e certeiro, a política racional e ilustrada, a educação que padroniza, o progresso e o apetite pelo urgente, o controle e as certezas, que ainda predominam, nos conduzem ao abismo. A alternativa ao abismo é a metamorfose, mas esta não chegará sem ações.

É o momento de agir e habilitar os acessos que conduzem para *A via*. Encontrar diálogos frutíferos entre educação e política – academia e políticos – é uma das ações inadiáveis, sem dar as costas para a cidadania e sim construir com ela. Não alcançaremos isto sem uma mudança profunda que reinvente a educação, possibilitando identificar soluções aos problemas fundamentais.

Iniciamos o caminho desta indagação percebendo primeiro o contexto planetário, desenrolando o fio da complexidade educativa, que é ao mesmo tempo cognoscitiva, política e cidadã, para voltar sobre o ponto de partida.

O grande desafio da complexidade, que exige colocar tudo em contexto, cresce na medida em que avançamos, contextualizamos e voltamos a contextualizar. A crise da humanidade, que configura o contexto mais global e abrangente é, ao mesmo tempo, uma abstração que se concretiza em múltiplas crises; é a conjunção de muitas crises que se nutrem umas das outras, dando corpo e realidade à abstração que as generaliza.

O mundo em crise é um mundo em transformação, em risco e oportunidade de mudança. A degradação é um dos futuros possíveis. Processos subterrâneos e processos visíveis conduzem a ela. Nada nos garante o êxito no empenho para mudar em uma direção predeterminada, nem ninguém conta com a lucidez intelectual e o controle dos fatores que inclinarão a balança em uma certa direção. Mas é um equívoco conceber a crise apenas como antessala da destruição iminente e inevitável. A perspectiva que enlaça a crise com a degradação e a destruição tem fundamentos; parece inevitável, entretanto não é mais que uma perspectiva.

A crise nutre-se também de processos ocultos e visíveis que conduzem a esta mudança que identificamos como metamorfose, porque reúne traços revolucionários e evolutivos, conservadores e regeneradores. Se a esperança é tida como horizonte de futuro contrário à destruição, é porque sob esta perspectiva existem processos que a fazem real. Ao advogar pela esperança, identificamos as possibilidades de ação e o empenho humano que pode potencializá-las para assumir os riscos e produzir as mudanças que impeçam a catástrofe, que abram os caminhos das solidariedades e das iniciativas criadoras.

Não advogamos por uma esperança ilusória e salvadora, mas por uma utópica e criadora, mobilizadora e regeneradora, que se corresponde com o momento em que vivemos, que é o de agir. Advogamos por uma esperança baseada:

- Nas potencialidades da educação e da política transformadas.
- No pensamento do Sul.
- Na substituição do estar bem ou viver bem pelo bom viver.
- Na reconstrução dos ideais de conhecimento.
- No aproveitamento da conexão que a infraestrutura da sociedade-mundo nos oferece.
- Na reinvenção da educação como dispositivo capaz de contribuir com a tomada de consciência dos perigos que enfrentamos, e com a comunidade de destino que nos define.
- Nas ações renovadoras que surgem a partir da base, envolvem os cidadãos e hoje ainda estão dispersas.

Advogamos pela esperança que se baseia nas potencialidades dos seres humanos que tomem consciência da comunidade de destino planetário e que estejam dispostos a agir.

Na obra *A via* são apresentadas iniciativas portadoras de futuro que contribuem para a regeneração do político, para as reformas do pensamento e a educação, da sociedade e da vida. Os cidadãos conscientes já estão agindo. Agora, nos aprofundaremos na educação, no seu vínculo com a política e em sua contribuição para uma via regeneradora que torne possíveis as reformas da sociedade e da vida, e o bom viver.

Ao ideal ocidental que promove o "estar bem" e o ter; que dá primazia ao mercado avassalador, ao consumismo e ao capitalismo desenfreados, e à erosão dos valores, contrapomos o ideal que vem do Sul e clama pelo "bom viver", pela atenção ao lado poético da vida.

Para abrir caminhos à metamorfose da humanidade é preciso reinventar a educação, ou o que é o mesmo, avançar pela via que enlaça a cidadania com a transformação da política e com as reformas do pensamento e do ensino.

I.

Encruzilhadas dos Conhecimentos e as Políticas

O ser humano ocidental ou ocidentalizado sofre duas carências cognitivas que o cegam:

- A cegueira dos saberes separados e compartimentados, que desintegra e impede diferenciar os problemas fundamentais e globais, e
- O centrismo ocidental, que o coloca no trono da racionalidade dando-lhe a ilusão de possuir o universal.

Somam-se a elas as carências que provêm da política: uma atividade superdimensionada, que alcança e permeia todas as esferas da vida contemporânea, que se profissionalizou e tornou-se técnica, distanciou-se da ética e da cidadania. O paradoxo da presente política consiste em que, ao mesmo tempo que penetra em todos os âmbitos, faz-se alheia e distante para a maioria das pessoas.

Desafiados pela dupla ignorância que provém do que desconhecemos e das cegueiras de nossos conhecimentos, da onipresença de uma política cada vez mais distante e hermética, empreendemos o caminho desta indagação.

GLOBALIZAÇÃO E CRISE PLANETÁRIA

O contexto em que vivemos se torna visível nos processos de mundialização, globalização e crise planetária. Com a conquista da América e a circum-navegação de Vasco da Gama entrou em curso a mundialização que, desde 1989, transformou-se em globalização que combina o aumento desenfreado do capitalismo que invade os cinco continentes sob a égide do neoliberalismo, com a instalação de uma rede de telecomunicações que permitem a unificação técnico-econômica do planeta.

A mundialização e a globalização são acompanhadas por processos opostos, como a dominação e a solidariedade; as ondas democratizadoras e os fanatismos; as ondas liberalizadoras e os ditames do mercado; as homogeneizações e padronizações culturais conforme os modelos norte-americanos e as resistências e revitalizações das culturas autóctones; e ainda a miscigenação cultural.

O século XX mostrou-nos que a globalização da dominação tem face política, inclusive onde poderosos movimentos empreenderam a transformação política, econômica e sociocultural. E, apesar da globalização da solidariedade – constrangida pela globalização da dominação – não ter ultrapassado a marginalidade, ela continua viva.

A globalização nos mostra como seu resultado mais contundente, a criação da infraestrutura de uma sociedade-mundo que inclui a vida material comum como a economia globalizada, o território comum – o planeta –, mas que ainda carece da necessária governança comum.

A ausência de autoridades legítimas dotadas de poder de decisão para resolver assuntos planetários, e a falta de consciência da comunidade de destino humano impedem que a sociedade se torne Terra-Pátria, conduzindo-nos a contradições que parecem insolúveis. Assim, por um lado, os problemas planetários exigem pôr limites às soberanias nacionais. Ao mesmo tempo, o movimento técnico-econômico da globalização e as relações de dominação do capitalismo ilimitado e desenfreado, que colocaram-se acima da humanidade, inviabilizam a constituição de uma sociedade planetária e ameaçam com uma ditadura global.

A cessão de soberania nessas condições equivale ao suicídio de nações inteiras; não obstante, a falta de solução para os assuntos globais conduz igualmente à autodestruição planetária, que também é suicida. Somente uma Terra-Pátria poderia solucionar este problema; mas sem solucioná-lo, nunca chegaremos à consolidação dela.

A crise da humanidade se apresenta, a um só tempo, como crise global da humanidade que não consegue ter acesso à Humanidade e como crise planetária de múltiplas faces: crise cognitiva, crise de unificação, policrise, crise de desenvolvimento, crise das ideologias, agravamento dos antagonismos, maniqueísmos e ódios cegos.[1] À barbárie surgida das profundezas da história, que mutila, destrói, tortura e massacra, se une hoje a barbárie gélida da hegemonia do cálculo, do quantitativo, da técnica, do lucro às custas das sociedades e das vidas humanas.

As duas barbáries caracterizam a ruína na idade de ferro planetária: idade do capitalismo e fanatismos desenfreados, ditaduras implacáveis, a possibilidade de novos totalitarismos e guerras de extermínio.

A globalização que caracteriza esta idade de ferro é ambivalente porque reúne o pior e o melhor: o pior que conduz à destruição catastrófica e o melhor que radica nas interdependências, nas miscigenações culturais, nas condições de infraestrutura para a

1. Para uma análise detalhada ver *A via*, primeira parte.

sociedade-mundo, que possibilitam vias contrárias à destruição. O melhor radica também no fato das ameaças mortais e os problemas fundamentais criarem uma comunidade de destino que abarca toda a humanidade.

A globalização representa tanto a possibilidade de que emerja um mundo novo, quanto a possibilidade de que a humanidade se autodestrua. Vem acompanhada de riscos inéditos e incríveis oportunidades. Conduz à catástrofe provável e à improvável (ainda que possível) esperança de metamorfose.

Mas as cegueiras de nossos conhecimentos não permitem distinguir e formular os problemas fundamentais, contribuindo para que a consciência dos perigos e a comunidade de destino ainda sejam muito fracas e dispersas. A metamorfose da humanidade não é inevitável nem ocorrerá por si mesma.

A ideia da metamorfose se sustenta em que, quando um sistema não pode resolver seus problemas vitais, degrada-se, desintegra-se, ou bem, revela-se capaz de gerar um metassistema que saiba tratar seus problemas: metamorfoseia-se.

Não podemos frear a onda tecnocientífico-econômica e de civilização que conduz o Titanic[2] planetário

---

2. Para uma revisão detalhada da metáfora do Titanic, ver "Estamos em um Titanic".

ao desastre, mas sim podemos produzir o desvio que, ao se multiplicar, potencie as múltiplas vias que conduzem à *via* para a metamorfose.

É preciso, ao mesmo tempo, globalizar e desglobalizar, crescer e decrescer, desenvolver e envolver, conservar e transformar. Desfazer-nos das alternativas globalização/desglobalização, crescimento/decrescimento, desenvolvimento/envolvimento, conservação/transformação é uma premissa necessária que não será fácil de alcançar, pois essas alternativas expressam um pensamento dicotômico, fragmentador e reducionista que não poderá ser superado sem uma profunda reforma do pensamento.

Por isso, é preciso mudar profundamente o pensamento e o ensino. Sua reforma contribuirá para elevar a consciência sobre os perigos e a comunidade de destino, uma vez que potencializará a ação transformadora a partir da base. As iniciativas dispersas e a criatividade que nos pontos mais distantes do planeta colaboram hoje com as vias regeneradoras[3], receberão os impulsos necessários para que deixem de ser marginais. Longe de ser um esforço iluminista, a reforma educativa há de se fundir com a reforma do pensamento, da política e do político. Nisso radica sua reinvenção.

---

3. Ver *A via*, primeira parte.

Por outra parte, necessitamos compreender a magnitude de um conjunto de mudanças fundamentais que tiveram lugar na ciência, nos conhecimentos, nas tecnologias, no planeta e na vida das pessoas. Elas incluem a revolução científica e tecnológica, a subversão material e espiritual da vida cotidiana, a criação de instrumentos de trabalho de novo tipo, a emergência de novos saberes, a reformulação do problema dos conhecimentos e a reconsideração do problema ambiental.

Revolução científica e tecnológica

Desde os anos cinquenta, desdobra-se uma revolução científica e tecnológica que modificou as relações entre as ciências, as tecnologias e a vida cotidiana das pessoas. De relações bastante independentes entre elas, mudou-se primeiro para uma relação que parecia subordinar completamente a tecnologia à ciência, e a vida cotidiana a ambas.

O desenvolvimento ulterior dos acontecimentos mostrou as potencialidades da tecnologia como geradora de novos conhecimentos. Muitos desafios à ciência vieram da tecnologia e os laços entre ambas tornaram-se mais fortes. Em espirais sucessivas, uma alimentou a outra, enquanto sua influência e resultados se verteram sobre a vida cotidiana, transformada radicalmente em seus instrumentos, meios e atividades.

Em menos de vinte anos, no início dos anos setenta, as consequências ambientais e éticas fizeram-se evidentes. Produziu-se um entrelaçamento maior entre as atividades científicas, tecnológicas e produtivas, e os cidadãos começaram a reagir às mudanças, tanto em movimentos sociais de resposta e resistência, quanto mediante novas demandas cognoscitivas que influenciaram, de forma decisiva, na estruturação e consolidação de novos saberes emergentes, como os relacionados com as problemáticas ambiental e bioética.

A ecologia profunda e a bioética são dois bons exemplos da sinergia gerada pelo avanço científico e tecnológico, pelos novos problemas cognoscitivos e pelas demandas e ações cidadãs.

A espiral do "progresso" que vinculou ciência, tecnologia e produção – definitiva e estreitamente – e que trouxe consigo efeitos transformadores e uma subordinação quase completa da vida cotidiana, produziu um efeito inesperado. A vida cotidiana deslocada, subordinada e menosprezada, sobretudo no que se refere à produção de conhecimentos, recebeu uma forte ativação cognoscitiva e prática. Somente a cegueira cognoscitiva impede, ainda hoje, de compreender que sem a participação da diversidade dos conhecimentos humanos os grandes problemas que teremos não poderão ser resolvidos.

É incontestável que o desenvolvimento da investigação científica a partir da modernidade, e a instrumentação prática acelerada do conhecimento nas tecnologias desde os inícios da era industrial, colocaram-nos em uma posição privilegiada como possuidores de conhecimento e modos de fazer que alteram o mundo. Hoje, o desenvolvimento da investigação científica dotou os seres humanos de conhecimentos que lhes garantem uma capacidade transformadora da natureza em uma escala planetária, o que apenas há cem anos atrás parecia um sonho mítico.

O avanço do conhecimento sobre o mundo natural teve lugar, desde meados do século XX, como mudança permanente da ciência e da tecnologia que desembocou em uma profunda revolução científica que se revela sob a liderança de três direções básicas: as ciências da cognição e a cibernética, as ciências biológicas e a física do micromundo. Cada uma delas dotou a humanidade de uma capacidade superior para modificar os processos naturais e modificar a si mesma.

Cibernética e computadores, biotecnologias e modificação da engenharia da vida, desvelamento dos segredos do micromundo físico e desenvolvimento de tecnologias produtivas neste âmbito, apresentam-se como sonhos realizáveis. Nunca antes os limites do possível haviam sido alterados tão rápida e profundamente.

O êxito das ciências e das tecnologias em dotar-nos de conhecimentos sobre o mundo, e a capacidade destas últimas para converter esses conhecimentos em transformação, situaram a ciência e o conhecimento científico em um lugar privilegiado para o qual convergem os modos culturais de pensar e de ser na sociedade contemporânea, denominada por isso mesmo, sociedade do conhecimento.

Este caráter cultural da revolução científica em curso inclui não somente os cientistas, os artefatos e as tecnologias com que se aparelha a vida social e se transforma a natureza. Tem, em seu centro, a mudança do ser humano comum, da maneira de produzir e compreender os conhecimentos, seu lugar e seu valor no processo de vida.

Um dos resultados mais impressionantes do avanço científico e tecnológico foi a mudança substancial na vida de milhões de pessoas. Em épocas anteriores da história humana, a vida cotidiana havia se desenvolvido quase exclusivamente dentro de padrões "fechados" de interconexão. A cotidianidade havia sido sempre muito conservadora com relação ao novo no âmbito do conhecimento, dos modos de viver e reproduzir a vida social.

O saber superposto ao cotidiano da vida funciona socialmente de forma peculiar. O ser humano no processo de aculturação aprende e apreende de maneira tácita – de modo pré-reflexivo – as modalidades de viver e o manejo dos instrumentos necessários para tornar possível a vida social. O conhecimento incorpora-se espontaneamente à vida e faz parte dela em estreita relação com os modos de sentir e de querer, o que constitui um sistema de saber rico e multilateral. Seu valor está relacionado diretamente com as formas de vida e não é concebível fora ou em oposição a elas.

O saber holista, integrado à vida cotidiana, preferiu sempre a estabilidade à mudança. Durante milênios, essa foi a lógica do desenvolvimento da vida do ser humano comum. Visto a partir desta última e da produção, a mudança foi, até bem recentemente, a exceção, enquanto a permanência e a conservação do precedente foram a regra.

Instrumentos de trabalho de novo tipo

Desde a segunda metade do século XX, a ampliação e a intensidade da introdução dos resultados científicos na vida social impuseram a necessidade de reconsiderar as noções sobre o lugar da ciência no sistema da cultura. Junto às transformações materiais da vida, emergiram questionamentos éticos e existenciais profundos.

Se o conhecimento como entidade absoluta foi motivo de reflexão teórica na epistemologia, e nas novas teorias científicas as concepções dicotômicas do saber desestabilizaram-se, a demarcação rígida do objetivo e do subjetivo encontrou um novo terreno de questionamentos a partir da vida cotidiana.

A modificação do viver cotidiano pelos resultados da ciência que chegam a ele e o subvertem, tornou patente o questionamento cultural sobre a validade do pretenso conhecimento objetivo da realidade. O conhecimento científico começou a ser considerado não como um supravalor absoluto e inquestionável. É um valor, e como tal deve ser submetido ao exame minucioso social e cultural. O humanístico – que havia sido deslocado da ideia do mundo e do conhecimento científico objetivo – a partir da prática do saber começou a reclamar seu lugar.

Não obstante, o questionamento da forma anterior do conhecimento científico não pode ser considerado um fenômeno de massas nem uma tendência irreversível. A subversão da vida cotidiana pela ciência no plano espiritual, trouxe consigo a unificação das consciências a favor da ideia do conhecimento objetivo como garantia de uma vida melhor. A reflexão crítica proveio de setores avançados, onde ocupam um lugar importante os próprios cientistas, que pensaram a ciência, o conhecimento científico e as questões éticas de seus efeitos práticos.

Nos dias de hoje, em estreito vínculo com o movimento ambientalista, o assunto tornou-se demanda social de setores que foram movidos pela ciência e pelas consequências do que a ciência transformou, conduzindo a um questionamento dessa superposição do conhecimento científico, supostamente anterior e situado acima de todo valor.

A introdução das ciências e das tecnologias no sistema produtivo em escala planetária colocou a humanidade e o seu meio natural em condições totalmente novas. Não podemos assegurar em que direção nos moverão, definitivamente, as mudanças que se introduzem na vida como consequência delas, e buscamos quase às cegas modos adequados de conduzi-las.

Ainda que a tecnologia tenha sempre desenvolvimento próprio e independente da ciência, depois da revolução industrial produziu-se um processo de aproximação e dependência da primeira com relação à segunda. A tecnologia serviu-se do saber científico e, muitas vezes, sua contribuição consistiu em estendê-lo à prática da produção.

Durante o século XX, no entanto, o acúmulo de saber e modos próprios de relação fizeram da tecnologia uma atividade geradora de novos problemas. No fim do mesmo século, a revolução técnico-científica incorporou esses desenvolvimentos em uma nova espiral de saber, tecnologia e formas produtivas. Desde então, a ciência e a tecnologia deixaram de projetar-se na vida como atividades independentes. Fazem-no como um sistema integrado de ciência, tecnologia e produção onde cada um dos elementos do sistema modifica os restantes, sem que possa se estabelecer uma correlação hierárquica absoluta entre eles, tanto na produção de conhecimentos quanto nos questionamentos que provocam.

No âmbito moral, a tecnologia vem de mãos dadas com a ciência na apresentação de situações problemáticas e conflitos inesperados; muitos deles relacionados com a novidade que trazem os instrumentos.

Com a revolução técnico-científica, criamos e dotamos a vida cotidiana com produtos e instrumentos radicalmente novos – não "clássicos" – que nós humanos não dominamos em absoluto e dos quais desconhecemos a totalidade de suas potencialidades materiais reais, assim como também as mudanças espirituais que acarretam. O manejo destes instrumentos não é assunto exclusivo de conhecimentos científicos; é, simultaneamente, um assunto técnico, ético e político. E um de seus resultados mais relevantes é a mudança do lugar dos seres humanos com relação às tecnologias.

Desde os anos cinquenta do século XX, não somente superam-se os limites produtivos físicos dos seres humanos. A revolução técnico-científica e seu avanço em direção à criação de um sistema de ciência, tecnologia e produção impuseram à sociedade contemporânea um desafio epistemológico cultural. Isso condiciona o acentuado interesse pelas questões éticas.

Entre os problemas que a humanidade teve que enfrentar, e que motivaram o questionamento moral da ciência, da tecnologia e de seus resultados, encontram-se os seguintes:

1. O dano ocasionado aos seres humanos por alguns produtos científicos e o uso da ciência com fins políticos, ideológicos e militares contrários aos desígnios humanistas que sempre lhe haviam sido atribuídos. Isso conduziu à perda da ingenuidade da sociedade ocidental com respeito à ciência, à tecnologia e ao uso social do conhecimento, e provocou a preocupação pela pertinência moral dessas atividades humanas e de seus produtos.

2. A entrada da ciência, na segunda metade do século XX, com a revolução técnico-científica – como resultado do desenvolvimento de novas tecnologias e modos de apropriação dos conhecimentos –, em um nível de profundidade e alcance que superou o conhecimento de milênios. As pessoas foram colocadas diante de incertezas existenciais que têm sua origem nos conhecimentos que a ciência agrega, nas práticas que as tecnologias tornam possível e no uso social que se faz de ambas. Isto inclui os seres humanos e a natureza em seu conjunto.

3. A impossibilidade de encontrar respostas moralmente precisas e definitivas, ao estilo dos ideais morais do passado, que estabeleciam com clareza e precisão os limites do bem e do mal. Agora as pessoas necessitam julgar e decidir a moralidade de suas ações respaldadas pelos conhecimentos, em um contexto no qual esses mesmos conhecimentos são objeto de questionamento ético.

4. O caráter aberto dos conhecimentos e dos objetos criados no transcurso da revolução técnico-científica, os quais, diferentemente dos objetos "clássicos" da produção humana, são desconhecidos por quem os produz, porque o estranhamento em sua elaboração inclui o desconhecimento de todas as possibilidades de emprego humano que encerram, assim como o alcance das possíveis consequências de sua utilização prática.

5. A urgência de questionar a pertinência moral da produção e uso dos conhecimentos: será ético fazer tudo o que é possível fazer? Ou, dito de outro modo: deve-se fazer tudo o que se é capaz de fazer?

6. Como consequência de tudo o que foi expresso antes, a urgência de formar sujeitos eticamente responsáveis, capazes de se conscientizar dos

dilemas éticos como conflitos morais[4] e buscar uma solução para eles.

Vejamos em síntese estes problemas, que estão longe de ser exclusivamente éticos: são ético-políticos e demandam um tratamento educativo que se corresponda com esta sua natureza.

A perda da ingenuidade da sociedade ocidental com respeito à ciência, à tecnologia e ao uso social dos conhecimentos não somente provocou a preocupação com a pertinência ética destes. Também impulsionou extremismos e niilismos expressos em algumas versões contemporâneas do anticientificismo, que se deixam entrever com frequência no movimento ambientalista e em alguns setores que manifestam rejeição ao desenvolvimento e introdução da ciência e da tecnologia na vida cotidiana.

Requer-se um pensamento que integre ética e conhecimentos, que reconheça a complexidade inerente a estas problemáticas e que, ao mesmo tempo, evite cair no anticientificismo e nos extremismos

---

4. Conflito e dilema moral têm conotações diferentes. Uma situação de dilema moral é aquela em que o sujeito moral se vê obrigado a escolher entre ao menos duas alternativas. A escolha, no entanto, pode se realizar perfeitamente sobre a base da assimilação de uma solução ao dilema gerada de fora. Uma situação de conflito é sempre interna e conduz a uma revisão do sistema de valores que o sujeito elaborou previamente, e sua hierarquia. Ademais, a escolha implica sempre uma perda que é vivenciada pelo sujeito.

ambientalistas e moralizantes que paralisam e rejeitam os resultados novos das ciências e das tecnologias.

A partir do pensamento complexo e da bioética global, por exemplo, reinterpretaram-se processos e buscaram-se meios para prevenir o dano possível e mitigar o dano efetivo, desenvolveu-se um conjunto importante de alternativas teóricas para fundamentar o debate dos conflitos e contribuir para o enriquecimento ético dos atores.

A profundidade e o alcance do conhecimento científico contemporâneo foi, por um lado, um dos problemas mais debatidos nos últimos anos, especialmente no terreno da bioética. A maioria dos conflitos que têm a ver com a investigação científica e com as tecnologias da saúde colocam-nos diante de incertezas existenciais que têm sua fonte no avanço vertiginoso do conhecimento, na modificação dos critérios científicos e no choque destes movimentos acelerados com o desenvolvimento mais lento da vida cotidiana e dos costumes.

Por outro lado, a profundidade e o alcance dos conhecimentos científicos estão vinculados a incertezas cognoscitivas intrínsecas à própria ciência, e isso incorpora um elemento adicional pois, com frequência, é impossível apelar à ciência como portadora de um conhecimento definitivo que garanta a adoção de uma decisão adequada.

Esta é uma das mudanças qualitativas na ciência contemporânea que provocou os debates mais agudos, e se pode prever que encabeçará as polêmicas futuras. Em avanços científicos como a criação da vida – por exemplo, na clonagem e na transgênese –, as incertezas científicas e existenciais andam juntas. Carece de sentido pretender soluções éticas e políticas definitivas – estamos obrigados a tomar decisões temporárias e a revisá-las frequentemente, na medida em que mudam as ações, os conhecimentos e os contextos.

Os questionamentos existenciais e a impossibilidade de encontrar respostas moralmente precisas e definitivas constituem traços distintivos dos problemas que a humanidade contemporânea tem diante de si. As teorias bioéticas os abordam em particular, mas não são exclusivos delas, pois se tratam de problemas ético-políticos que requerem uma ampla participação cidadã, assim como processos educativos que abandonem a lógica da doutrinação e se abram aos debates inclusivos, nos quais os diversos pontos de vista deem conta de suas fontes e argumentos.

A análise das questões epistemológicas e do pensamento teórico da complexidade mostra como a incerteza se manifesta como atributo dos sistemas complexos, e como o pensamento metodológico da complexidade – em especial o que se desenvolve na esfera do pensamento complexo – propõe a necessidade de aprender a lidar com as incertezas.

No pensamento ético tradicional, a incerteza tinha que ser superada; a normatividade moral estava chamada a superar a incerteza. No pensamento complexo e no pensamento bioético global vinculado ao legado do oncologista norte-americano Van Rensselaer Potter, a incerteza encontra um espaço por necessidade; ela emana da situação dos sujeitos morais e de seus contextos, da incerteza científica e da criatividade própria dos processos.

Trabalhar a incerteza moral parece um dos problemas mais difíceis para o pensamento ético, pois assim que é proposto, aparece no horizonte o limite conceitual do determinismo ou do relativismo moral. A incerteza, por um lado, parece gerar relativismo. Por outro, não é possível aceitar o relativismo moral que nega a universalidade da ética e imobiliza com o "vale tudo". Mas confrontados com uma realidade social heterogênea, assimétrica e polarizada, e com uma mudança rápida dos conhecimentos e da vida vinculada a eles, o pensamento sobre a ética tem, por necessidade, que se complexificar e adequar a produção da normatividade ética ao entorno mutante. Também reconhecer a complexidade ético-política que a natureza dos problemas põe diante de nós.

O caráter não clássico dos objetos e instrumentos criados pelos seres humanos no transcurso da revolução técnico-científica introduz uma complicação adicional. Os instrumentos e objetos clássicos eram conhecidos em sua totalidade; não somente sua produção, também sua incorporação a processos ulteriores podia ser prevista e concebida dentro de uma relação de controle. Os não clássicos portam elementos inerentes de incerteza e independência.

O anterior nos coloca diante do "conhecimento não manejável"[5], aquele que interdita nossa capacidade de controlar o mundo a partir dos conhecimentos. Trata-se de conhecimentos que, pela incerteza que lhes são inerentes, põem em crise o paradigma de controle, e reclamam prudência nas ações e mudanças radicais no modo de conceber o mundo herdado da modernidade europeia.

Dois traços identificam o caráter não clássico das criações humanas contemporâneas:

— Primeiro, sua potencialidade material – a ampliação das capacidades físicas dos seres humanos com os instrumentos não clássicos está vinculada ao manejo prático dos níveis estruturais básicos da matéria, da energia e da vida. Os instrumentos clássicos prolongam a capacidade muscular humana, mas nem

---

5. "Conhecimento não manejável" resulta um termo um tanto equívoco. Seria mais adequado, talvez, dizer "conhecimento não controlável", posto que se trata de conhecimentos que não são "controláveis" e é por isso que demandam a mudança rumo a um paradigma de prudência, convivência e diálogo com a natureza, que bem poderia denominar-se "manejo".

remotamente poderiam lhe conferir uma capacidade de intervenção tão poderosa em âmbitos moleculares e subatômicos.

— Segundo, sua potencialidade intelectual, manifesta no fato de que os efeitos de seu funcionamento escapam à capacidade de previsão e controle de seus criadores. Com os instrumentos de novo tipo, empreendemos a transformação da matéria e da vida em grande escala e com grande profundidade. Diante dos novos instrumentos e criações, resulta problemático estabelecer correlações de prognóstico e controle efetivos a longo prazo. As decisões sobre seu emprego devem ser tomadas em condições de especial incerteza.

O caráter não clássico dos novos instrumentos pode manifestar-se como ampliação de suas possibilidades de uso, segmentação da relação de conhecimento ou autonomia, e independência nas criações científicas e tecnológicas. Por exemplo, a ampliação das possibilidades de uso é a situação mais simples que pode ser encontrada diariamente em um computador pessoal. Ele tem um conjunto de usos possíveis concebidos a partir de seu desenho, mas inclui um leque indeterminado e ampliável de empregos assim que novos programas são adicionados, o que se incrementa indefinidamente quando equipamento e programas entram em contato com a criatividade de quem os utiliza. Esta capacidade pode gerar um conjunto nada trivial de problemas sociais e éticos dependendo de como se faz uso dela. De nada vale argumentar que o bom ou o mal-uso depende das pessoas envolvidas. Efetivamente, depende delas, mas a forma tem a ver com as possibilidades de ampliação que o dispositivo tecnológico traz consigo.

Mas, deve-se advertir que, diferentemente dos objetos e instrumentos clássicos que são "usados", com os não clássicos há "interação".

A segmentação da relação de conhecimento já é um fenômeno cotidiano nas modernas tecnologias de comunicação. O meio tecnológico gera relações de dependência e de poder em quem o utiliza, resultantes de seu lugar no processo, as quais não podem ser identificadas com as relações sociais de dependência e de poder tradicionais. Por exemplo, a rede global de computadores propicia a livre comunicação entre as pessoas, um intercâmbio horizontal de informação e a criação de redes de relações novas entre pessoas distantes. Simultaneamente, gera a possibilidade de um controle das pessoas muito mais individualizado e férreo.

Esta última é uma relação de controle social bem conhecida e totalmente "clássica"; o não clássico consiste em que a comunicação livre e o controle se realizam através de um meio no qual, além da comunicação entre os agentes sociais envolvidos, há uma constante e efetiva comunicação entre objetos, inadvertida para a maioria das pessoas que se comunicam entre si, inclusive para aquelas que exercem o "controle" por estes meios. O assunto é simultaneamente epistemológico, ético e político.

A autonomia e independência de nossas criações tecnológicas são constatadas, com facilidade, em vários resultados das biotecnologias. Por exemplo, nos organismos modificados geneticamente. Neste caso, o produto se incorpora à trama de relações da vida, onde alcança a autonomia e independência necessárias para deixar aberta a pergunta pelo futuro.

Vinculada a este conjunto de problemas, propõe-se a pergunta difícil sobre a pertinência ética da produção e o uso do conhecimento. Perguntar-nos se deve-se fazer tudo o que estamos em condições de empreender é uma pergunta supérflua, da perspectiva da racionalidade clássica; mas da perspectiva das novas teorias éticas (a bioética) e do pensamento complexo é uma pergunta necessária e, inclusive, uma urgência dos novos tempos.

Sabemos que a ciência ocidental moderna se legitimou com a razão e com o método como ferramentas de indagação e garantias do conhecimento obtido. Acrescentou-se a isso sua legitimação social na promessa do uso do conhecimento para assegurar o bem-estar da sociedade, entendendo bem-estar como "estar bem". Além disso, o êxito da ciência em proporcionar esse bem-estar a uma parte da humanidade produziu, com o passar do tempo, mais uma legitimação:

o conhecimento científico passou a ser legitimador das ações humanas.

Se considerarmos esse ciclo que terminou com uma ciência que se legitima em sua própria função, vem a pergunta: é eticamente aceitável tudo o que materialmente é possível realizar? Essa questão deve ser formulada, com total pertinência, porque a ciência e os conhecimentos científicos passaram a ser legitimadores das ações humanas. Para o pensamento ético complexo é essencial desvelar esta mudança no termo, na substituição de uma legitimação por outra e no erro de supor que o conhecimento científico possa legitimar as ações humanas.

É indubitável a necessidade de formar sujeitos moralmente responsáveis, pois é frequente encontrar entre os investigadores científicos a reserva sobre a pertinência do questionamento moral às produções humanas, baseada na suspeita de uma ingerência por parte dos que formulam a indagação.

A pergunta pela pertinência moral das ações que a ciência e a tecnologia tornam possíveis tem um conteúdo teórico relevante, que consiste em demonstrar o erro assumido ao considerar que o conhecimento científico possa legitimar as ações humanas. O conhecimento científico, a ciência e a tecnologia constituem uma parte importantíssima da cultura e do ser humano, mas somente uma parte.

A justificativa das ações pode provir, unicamente, de uma reintegração da totalidade social envolvida, das considerações que a ciência fornece e das que fornecem outras fontes do âmbito social. A ciência e a tecnologia não podem ser excluídas, mas não têm porque dar a última palavra. A pergunta, então, não simboliza um processo de restrição ou constrangimento moral da ciência contemporânea e de seus resultados, e sim a busca por uma legitimação multilateral e adequada à diversidade de atores sociais envolvidos.

Subversão material e espiritual da vida cotidiana

Em épocas anteriores, a vida cotidiana mudou somente através de processos evolutivos e revolucionários, em sua maior parte dilatados no tempo. As gerações incorporaram o novo ao seu desenvolvimento cotidiano, dentro de limites precisos de conservação do anterior. O novo e inovador se adaptou sempre com lentidão e receio, pois resultava suspeito como portador de incerteza e mudança em direção desconhecida.

Isto é perfeitamente compatível com o desígnio mais profundo da cotidianidade: garantir a produção e reprodução da vida humana. A criatividade estava circunscrita, em sua maior parte, a um conjunto de atividades específicas, e suas descobertas – como o saber e os produtos para a vida cotidiana, deviam submeter-se e estavam regidas pelos mecanismos de regulação e de realização já consolidados, entre os quais, os costumes e a tradição, que desempenhavam um papel relevante.

Os novos conhecimentos adquiridos pela humanidade, o desenvolvimento de novas formas produtivas a partir dos resultados da ciência e da tecnologia, a ampliação dos fluxos informativos, a inclusão de tudo isto no cotidiano em forma de objetos e de instrumentos, conhecimentos e modos de vida transformados, hoje fazem a mudança ser preferível à estabilidade, enaltecendo o valor social da novidade e da criatividade.

Esta modificação da vida cotidiana em direção à preferência pela mudança poderia ser entendida como um progresso, uma vantagem, um feito novo positivo. Isso seria totalmente certo se não se tratasse de um processo no qual a opção pela mudança e pela instrumentação do saber não estivessem se transformando, ao mesmo tempo, em ameaça para a própria vida, e não apenas para a humana.

Desde a revolução industrial, mas sobretudo a partir da revolução técnico-científica na década de cinquenta do século XX, o saber científico e tecnológico – os modos de ser, conhecer e agir da ciência e da tecnologia – subverteram o mundo humano em três direções fundamentais: o conhecimento humano, a vida cotidiana como processo material de vida e a vida cotidiana como processo espiritual de vida.

O conhecimento humano gerado a partir da ciência – justificado como saber absoluto desde a modernidade, e revestido de poder absoluto a partir da revolução técnico-científica – deixou de ser um saber estreitamente unido às formas comunitárias de vida para se estabelecer em um novo domínio: em instrumento de dominação do humano e do natural pelo homem ou, mais precisamente, por alguns homens.

O conhecimento humano foi sempre uma categoria mais elevada e integradora que qualquer de seus componentes; mas a partir do desenvolvimento da ciência no século XVII, o conhecimento científico que esta produz se estabeleceu em um padrão normativo de conhecimento e, de maneira paulatina, deslocou todo outro saber até se constituir, quase exclusivamente, em representante único e legítimo do saber humano. Não se trata apenas de processos cognoscitivos. Trata-se de um processo estreitamente vinculado com a dominação política e cultural que nutre e da qual se nutre.

Assim, a ideia generalizadora sobre "o mundo", "a natureza", "a sociedade", evidencia não somente a perspectiva do humano – uma espécie que produz conhecimentos a partir de suas circunstâncias e condições de possibilidades biológicas, evolutivas, terrícolas – expressa também a universalidade a que aspira o dominador: a extensão de seu mundo e de sua perspectiva à condição de mundo único existente e única perspectiva válida.

As consequências práticas de ter tomado esses rumos se fazem sensíveis na pretensão de ter alcançado "o conhecimento". A omissão do plural, que nos promete haver alcançado o conhecimento, não nos revela nada acerca do imenso custo dessa redução, que anulou o restante dos conhecimentos humanos. Frente a esta lógica de dominação, e para desvelá-la, requer-se uma mudança de perspectiva que faça visível e supere esta lógica, que reformule o problema dos conhecimentos humanos.

E, apesar de todas as limitações e contradições, ao penetrar nos domínios inexplorados do micromundo, do megamundo e da vida, o conhecimento humano a partir das ciências tornou possível a realização prática da criação e destruição do mundo pelos seres humanos. Na era de maior profundidade e alcance do conhecimento científico, a crença na onipresença desse tipo de saber como domínio externo às pessoas e às comunidades – que foi seu ponto de partida – está sendo subvertida pelas forças desatadas pela própria ciência, e começa a desmoronar.

O saber científico sobre o mundo, situado acima das comunidades e das pessoas, enfrenta hoje novos problemas para os quais não tem resposta, porque escapa à sua racionalidade instrumental subjacente. As ciências, que a partir da modernidade geraram a crença de que tudo podia ser conhecido, previsto e manipulado com exatidão em benefício da humanidade, enfrentaram um conjunto de dificuldades – entre as quais sobressai a ambiental – onde conhecimento exato, previsão e manipulação se fazem improváveis, quando não impossíveis.

E não somente porque alguns métodos podem se mostrar inadequados para a cognição de objetos novos, e sim também e junto com isso porque os conhecimentos que revolucionaram a vida cotidiana, e se incorporaram a ela por múltiplas vias, despertam nas pessoas avaliações diversas que não podem continuar a ser consideradas como alheias ao processo cognitivo. Fazem parte do saber humano e hão de ser assimiladas pela produção humana de saber científico.

Existe para isso fundamento suficiente e demanda social de urgência; mas também existem obstáculos cognitivos que hão de ser revelados, em especial, aqueles que estão relacionados com os ideais de saber e com as dicotomias cognoscitivas que se arrastam desde a modernidade, entre elas: a separação do sujeito e do objeto; do observador e do observado; a legitimação do saber científico a partir da exclusão de outros saberes, e a separação e a exclusão do moral e valorativo como concernente à vida social e contrário, ou ao menos alheio, à objetividade do saber científico.

Como processo material, a vida cotidiana foi dotada pela ciência de novos instrumentos que potencializam as capacidades humanas, mudam a vida das pessoas, ao mesmo tempo que as fazem dependentes do conhecimento e dos novos produtos do saber que hão de revolucioná-la também no futuro. Formas ancestrais do fazer da vida humana desaparecem, envoltas em um constante processo de mudança, homogeneização e criação de dependências. A vida cotidiana se subverte mediante a destruição das formas de vida e da instrumentação de um modo material único de realização da vida.

A subversão material da vida cotidiana pelos produtos do conhecimento e da tecnologia conduziu à melhora das condições de vida de uma parte significativa do mundo, mas este não é o único resultado. A padronização da vida humana e a perda da sociodiversidade são resultados igualmente notáveis, ainda que destrutivos e indesejáveis.

A cotidianidade subvertida tende a se fazer única e dependente de consumos elevados da natureza, o que incrementa sua fragilidade. A perda acelerada da sociodiversidade parece uma corrida desenfreada em busca de estados sociais de homogeneidade e equilíbrio. Mas, em termos de vida e de sociedade, homogeneização e equilíbrio são equivalentes à morte.

Como processo espiritual, a vida cotidiana se subverte mediante a destruição dos costumes e da instrumentação de um modo ideológico único de realização da vida. Mediante uma inversão valorativa, o trabalho se reduz ao emprego; o amor ao sexo; a saúde à doença; a qualidade de vida ao bem-estar; a família à sua vida econômica; a pessoa ao indivíduo.

A homogeneização conduz a um empobrecimento maior da diversidade espiritual humana, à exclusão e marginalização do outro. Também à aparição de ações e a uma série de questionamentos existenciais ávidos por resposta.

O resgate das formas de saber contidas em culturas precedentes, e conservadas no desempenho cotidiano de alguns povos "atrasados" – se vistos a partir de uma perspectiva homogeneizadora –, é um exemplo das tentativas concretas para construir a integralidade dos conhecimentos humanos. Há apenas alguns anos era impossível para a medicina, por exemplo, considerar as práticas herbolárias e de cura provenientes do passado, pois eram logo estigmatizadas como falsas por carecerem da necessária fundamentação científica.

Tal fundamentação, de fato, agia como legitimadora unicamente do saber científico moderno, ao mesmo tempo que excluía o restante.

Podemos encontrar outras manifestações práticas de ações dirigidas à reintegração do saber no resgate das formas comunitárias de vida, e a proposta política da necessidade de reconhecer a sociodiversidade.

Entre os questionamentos existenciais, encontramos a desconfiança com relação à ciência e seus resultados, o que conduz, em algumas vertentes, ao anticientificismo, à reação negativa e niilista diante dela. Existe também a reflexão crítica madura da ciência que advoga por uma reconstrução epistemológica do saber científico a partir do reconhecimento de seus limites próprios, na tentativa de uma nova legitimação do conhecimento científico que não exclua e que supere as dicotomias do pensamento científico clássico.

Seria possível assegurar que a ciência, o conhecimento científico e a tecnologia são as causas únicas e determinantes desses processos? Dificilmente. Ciência, conhecimento científico e tecnologia, tal qual os conhecemos hoje, são o resultado de processos sociais e culturais complexos, nos quais é difícil estabelecer hierarquias deterministas como causas últimas. Não obstante, ciência e tecnologia estão no centro dos processos, que propiciam e desencadeiam. É lógico supor que existam elementos constitutivos do conhecimento científico que conduziram aos estados atuais do saber. Como verdadeiras patologias do saber, erguem-se por sua vez como verdadeiros obstáculos à cognição.

Emergência de novos saberes

A ciência e a produção do saber científico estão mudando, e isso mostra que a crise de identidade da ciência contemporânea é uma crise de crescimento da qual está surgindo um modo novo de geração e legitimação de conhecimento e tecnologia. Neste caminho já é parcialmente realidade, desde meados do século XX, e começou a render frutos materiais e epistemológicos.

A revolução técnico-científica contemporânea tem entre suas manifestações mais profundas a mudança no saber humano, a própria transformação da ciência e o conjunto do saber em outro de novo tipo, que rompe tanto com os modos cotidianos anteriores quanto com a ciência anterior. O que a partir de uma perspectiva interpretativa pode ser considerada uma crise do pensamento científico contemporâneo, pela nossa ótica é manifestação de uma poderosa ruptura com velhos ideais, normas e valores.

Como afirmamos anteriormente, a face pública da revolução científica contemporânea está liderada pela física do micromundo, pela cibernética e pelas biotecnologias, que marcam a pauta do desenvolvimento científico em estreita relação com a economia e a política. Mas estas três linhas não encabeçam o desenvolvimento da ciência mundial somente porque nelas se efetuem descobertas frequentes, ou porque a dinâmica das invenções e avanços cognoscitivos tenham um efeito econômico imediato nelas, a tal ponto que muitas vezes ciência e economia, produção de conhecimentos e produção de tecnologias e artefatos se confundem em um fluxo único.

Estas três linhas de desenvolvimento científico têm em comum a *criação*. Com os avanços na física do micromundo desde o início do século XX, a ciência começou a deixar de ser observação do mundo para passar a ser criação de mundo. A física do micromundo dotou a humanidade de conhecimentos para trabalhar com níveis fundamentais da matéria e da energia, e a criação do mundo físico no laboratório tornou-se possível e real. Lamentavelmente, não passou muito tempo e essa potencialidade de criação transformou-se em realidade de destruição do mundo com as bombas atômicas. O assunto guarda um ensinamento básico: quando a ciência entra no domínio prático da criação, o oposto, a destruição, não é mais uma possibilidade abstrata.

Este ensinamento tem valor para a análise de todos os avanços do conhecimento e da tecnologia que compartilhem com a física do micromundo o nível de profundidade no conhecimento e na interação da matéria que se trata. Quando a ciência trabalha com os estratos básicos da matéria, as consequências das ações não são automaticamente positivas, mas dependem muito das variáveis sociais – em especial dos valores – que se incluam na equação científica.

O avanço das ciências da vida, desde a segunda metade do século XX, tornou possível que a biologia e o universo de ciências ligadas a ela passassem de ciências observacionais – que descreviam o mundo do vivo – a ciências criadoras de vida. Neste curso de ação, são as biotecnologias que apresentam os avanços mais espetaculares: clonagem, modificação genética de animais e plantas e, sobretudo, a instrumentação produtiva destes avanços em tão grande escala e pouco tempo que transformaram os laboratórios científicos – onde se estudavam as propriedades do mundo – em indústrias que doravante, de modo concentrado e intensivo, criam a vida. Urgem a reflexão sobre a moralidade das investigações e a criação nestes domínios do saber. É uma urgência política e ética dos novos tempos, onde a destruição da vida, baseada nos conhecimentos que as ciências oferecem, deixou de ser uma possibilidade abstrata.

Finalmente, o desenvolvimento da cibernética, as ciências da informação e a microeletrônica estão tornando possível a criação da vida artificial. Vida artificial que se expressa em sistemas tecnológicos cada vez mais autônomos – na inteligência artificial e na robótica, e ainda na fusão dos dispositivos técnicos com os sistemas vivos – uma utopia realizável em curto tempo.

Assim, por exemplo, o efeito panóptico das cidades inundadas por câmeras entrelaça, em um abraço, as ciências, as tecnologias e a vida cotidiana transformada. É preciso uma nova aprendizagem para viver nesse meio transformado que, pouco a pouco, abarcará nossos corpos físicos na integração biotecnológica. Nestas novas condições, a ideologia do controle e a anulação da individualidade e do cidadão encontram novos reforços. É inevitável, mas enfrentá-lo requer aprendizagens que somente podem advir de uma educação reinventada a partir de uma reforma profunda de si mesma e da política.

Assim, o passo da ciência contemporânea é o da criação de mundo, a criação de vida e a criação de vida artificial. Para lidar com estas criações, necessitamos de uma educação que ensine a distinguir os problemas fundamentais e que nos prepare para encará-los em diálogo com a política, que coloque os conhecimentos humanos em função da vida e não contra ela.

Reconsideração do problema ambiental

Com respeito à problemática ambiental, é preciso também um giro fundamental, educativo e transformador, que coloque de pé o que está de cabeça para baixo. No ambientalismo, o ser humano comum, incluído o senso comum, foi reconhecido como um ator singular que se deveria considerar. Esta inclusão conferiu elementos importantes de diversidade ao pensamento ambientalista e produziu impactos positivos.

Não somente abriu portas à diversidade cultural própria do ator, mas também conferiu características específicas à produção de ideias e aos debates. Lembramos que na ciência, a partir da revolução copernicana, junto à exclusão do senso comum como critério de veracidade, o ser humano comum foi relegado ao rol de elemento passivo, destinatário final dos resultados científicos.

A participação cidadã, a reação do homem comum diante da percepção do dano ambiental imediato, converteram-no em ator, cujas ideias e modos de pensar o problema deveriam ser levados em conta. Por sua vez, a busca de soluções ao problema ambiental reconheceu o homem comum como ator em duas manifestações: como *agente negativo*, por sua contribuição à perpetuação do problema e como *agente positivo*, como promotor das mudanças necessárias para solucioná-lo. Além disso, o ser humano comum alcançou uma atenção especial, pois sua conversão em um agente positivo revelou-se possível através do processo de educação ambiental.

A ética foi invocada, no ambientalismo posterior a Aldo Leopold, como agente de controle normativo em busca de uma alternativa que freasse os efeitos negativos das intervenções humanas na natureza, e que contribuísse com a tomada de consciência sobre o problema ambiental. Este modo de apreciar o ético é perfeitamente compatível com o ideal clássico de separação entre a ciência e a moral, aquele que entendia o ético como um domínio alheio ao conhecimento científico, aceitável como expressão dos compromissos e vínculos sociais da ciência.

O ambientalismo busca na ética o freio a condutas que, a partir das ciências, provocam efeitos negativos e geram incertezas, condutas que resultam moralmente duvidosas ou questionáveis pelo dano potencial ou efetivo que trazem consigo. É sem dúvida um enfoque externo de contraposição entre conhecimento e moral.

As particularidades do problema ambiental – que involucra de maneira integrada conhecimentos, produção, seres humanos e natureza, assim como a busca de um enfoque transdisciplinar para encontrar soluções – tornam necessário um novo saber que se distinga daquele que condicionou as intervenções sociais, em cujos limites o problema ambiental amadureceu.

Ao revelar a concatenação dos fenômenos planetários e a impossibilidade de continuar os modelos de desenvolvimento assentados nas ideias científicas legitimadoras do domínio humano sobre a natureza, o ecologismo questionou diretamente as bases do modelo de ciência vigente. Também estendeu à globalidade conhecimentos elaborados em terrenos científicos especiais e mostrou que o pensamento holista não é necessariamente vago e difuso, epítetos que o desmereciam no modelo de ciência anterior e que ainda encontram-se amplamente vigentes.

O caminho para uma reflexão integradora está relacionado com a natureza complexa do problema ambiental, onde confluem fenômenos que até há pouco tempo eram estudados por domínios de saber absolutamente separados. A complexidade do ambiental inclui levar em conta fenômenos naturais e sociais, e dentro destes, os cognitivos, os econômicos, os políticos e os ideológicos.

A atual transformação do meio natural pelos seres humanos põe em risco a sobrevivência da espécie. A intuição desta realidade criou o movimento social ambientalista. Não obstante, amplos setores políticos e cidadãos continuam acreditando, de maneira fervorosa, que o problema ambiental encontrará solução mediante a produção e instrumentação tecnológica de mais saber objetivado sobre o mundo.

Ainda há grandes esperanças envolvidas nesta crença, e fortes interesses econômicos e comerciais que a favorecem e sustentam. Elas também têm um pano de fundo epistemológico. O fato de que o conhecimento que a ciência produz seja considerado objetivo e absolutamente veraz, legitima as ações depredadoras – produtivas e tecnológicas.

Para encontrar soluções, faz-se necessário superar a visão objetivista simplificadora do mundo. No caso do problema ambiental, o assunto se complica mais, porque o mundo dos seres humanos e sua espiritualidade, o que pensam e desejam, o que sabem e o que pretendem fazer, suas crenças e convicções não podem ser excluídos. Não podem, inclusive, ser estimados como algo externo ao assunto da cognição – como a ciência o fez, em sua maior parte, com os problemas da moralidade.

O problema ambiental emerge a partir da interação de dois elementos – "cultura" e "natureza" – que ao se colocar em contato na dinâmica da existência formam uma unidade. A transformação resultante – não desejada em suas consequências a longo prazo – é o que chamamos problema ambiental. Se o nível dos conhecimentos e das tecnologias alcançados pela humanidade fossem outros, e outros seus modos de viver e conviver, então é muito provável que não tivéssemos diante de nós o problema ambiental. Portanto, é um problema que não pode ser estudado à margem da sociedade humana ou de costas para ela e para a cultura. Sem a ação subjetiva dos seres humanos tal problema não existiria. Está ligado, indissoluvelmente, à subjetividade humana e ao social.

Entre as variáveis que devem ser consideradas estão os ideais, os desejos e as formas humanas de entender a natureza.

Se examinarmos algumas das definições feitas sobre o problema ambiental, veremos que uma das mais frequentes é a que o considera um problema da relação da sociedade com a natureza. Esta é uma definição muito generalizada que leva em conta o dano que o ser humano provoca com suas ações produtivas nos sistemas naturais.

No entanto, basta perguntarmos: "o problema ambiental existiu sempre?", para estarmos seguros de que não se trata de um problema de relação entre "a sociedade" e "a natureza", e sim, da relação entre um certo tipo histórico de sociedade – na atualidade a sociedade ocidental industrial – e seu meio.

A sociedade ocidental – que é um fenômeno cultural e social diverso e integral – transformou-se na sociedade predominante no mundo contemporâneo a partir de uma dupla influência, isto é, material e espiritual.

A *influência material* está associada às relações de dominação e colonização política e econômica impostas no mundo desde a modernidade, e à transformação indiscriminada da natureza. A *influência espiritual* tem a ver com a generalização de determinada ideia de mundo, baseada na extensão da relação instrumental com a natureza, da que derivou a visão unificada do mundo natural como oposto ao social.

Se analisarmos o assunto bem de perto, o problema ambiental não pode ser definido – o que é muito frequente – como o da relação da sociedade com a natureza, nem como o da relação de certo tipo de sociedade com ela. Está claro que nós humanos transformamos o meio natural e há provas suficientes do dano que ocasionamos; mas o dano provocado é consequência de nossa avaliação espiritual do que entendemos por natureza, ou mais exatamente, o que ela significa para nós dentro da cultura ocidental.

Há um problema subjacente de valores, posto que as ações produtivas estão baseadas na ideia de que a natureza é objeto de apropriação e domínio, e que de todas as relações humanas possíveis com a natureza predominou a relação instrumental, que a reduz a recurso econômico, meio para a satisfação de finalidades humanas muito diversas.

Visto por este ângulo, o ambiental não é o problema da relação do ser humano com a natureza: é, antes de tudo, um problema complexo de relação do ser humano consigo mesmo. Não há dois polos e sim recursividade nesta equação. Entendê-lo como problema cultural significa ter em conta os limites epistemológicos do nosso modo de relação com a natureza e também os limites do nosso modo de nos construir socialmente. Trata-se não apenas do dano que ocasionamos a um meio supostamente externo, separado, mas também aquele que causamos a nós mesmos.

O elemento espiritual de base, de ordem epistemológica e cognitiva, condiciona o resto. O mundo cultural de um tipo de homem histórico produziu este problema e o reproduz a cada dia. De nada vale que tentemos dotar os seres humanos de conhecimentos positivos sobre a dinâmica da natureza e sobre as rupturas que provocam nossos modelos de interação produtiva com ela, se não nos propusermos como assunto central a consideração dos limites culturais desse sujeito provocador do dano ambiental. A tarefa educativa, seu conteúdo, deve ser em primeiro lugar referente a este meio interno que chamamos cultura.

Quando o problema ambiental é pensado sob uma ótica dicotômica de relação com outro externo – a natureza, a sociedade, o ser humano, o meio –, supõe-se sempre que soluções parciais possam ser alcançadas, fundadas no conhecimento objetivo que a ciência deve prover. Isso garantiria ações eficazes sobre o outro, com o fim de restabelecer o que foi alterado ou compensar seus efeitos negativos. Origina-se, totalmente, nos limites do pressuposto clássico de objetividade desconsiderando as interferências reflexivas.

Pensa-se, então, que os humanos seriam capazes de conviver em um meio natural não prejudicado, conservado, recuperado etc. Assume-se também que, se ao contrário, continua-se a cometer "erros", a produzir e utilizar tecnologias "inadequadas" etc., os desequilíbrios não serão superados e o problema se agravará rumo a um desfecho fatal para os seres humanos e para a biosfera.

Assim, reclama-se com urgência a produção de novos conhecimentos, o que corresponde, claro, à ciência, e se trabalha a fim de melhorar o que foi deteriorado e introduzir mudanças parciais que modifiquem o estado de coisas, tais como regulamentações, aditamentos de "dimensão ambiental" aos projetos de investimentos etc. Duas limitações caracterizam estes enfoques:

1. A omissão dos nexos recursivos da interação entre nossas intenções sociais, nossas ações tecnológicas e a própria dinâmica da natureza sobre a qual esta dinâmica humana dual – espiritual e material – se volta; e
2. A omissão dos elementos integradores e emergentes da totalidade, que se desintegram ao trabalhar o assunto por partes.

É muito significativo que a tendência a trabalhar o assunto por partes, "em pequeno", atacando os problemas que se apresentam, seja tão estendida ainda em nossos dias e coincida com o ideal de simplificação.

A questão ambiental apareceu no horizonte da ciência como problema de uma disciplina particular, a ecologia, e se propôs em termos muito estreitos: enfrentar determinados problemas específicos e dar-lhes uma solução satisfatória. Somente depois excedeu os limites desta disciplina e estendeu-se aos domínios da economia, da sociologia, da ciência política; e mais tarde, ultrapassou o cenário acadêmico para converter-se em política, desencadear movimentos sociais e identidades de grupos.

O trabalho científico sobre a questão ambiental em partes tornou-se cada vez mais difícil, porque as soluções alcançadas estavam acompanhadas da aparição de novos problemas, muitas vezes associados às soluções implementadas. À medida que isso ocorreu, em determinados grupos sociais e na comunidade científica, cresceu a consciência de que o problema excedia os limites da ciência.

Confinada na solução do problema ambiental fragmentado em partes, atacando cada situação de forma relativamente isolada, a ciência chegou a um beco sem saída. Ao tentar resolver o problema ambiental enquadrado no estereótipo metodológico do reducionismo dominante desde o século XVII, a ciência natural se encontrou com um problema não redutível e, portanto, insolúvel naqueles limites estreitos.

O holístico apareceu no horizonte de compreensão do problema, na medida em que as ferramentas e metodologias parciais mostraram-se falidas. Foi o primeiro problema proposto à ciência que, por si mesmo, obrigou a superar os limites do que chamamos ciências naturais e ciências sociais. Seu tratamento exigiu compreender o que é um problema científico em termos de ciências sociais, naturais, técnicas e também de prática política.

Além disso, o processo de amadurecimento de uma opinião pública preocupada com questões ambientais – poderíamos acrescentar, inclusive, de uma consciência ambiental – denota a presença dos ideais clássicos encarnados no contexto social mais amplo. Foi o filósofo e ambientalista norueguês, Arné Naess, quem primeiro deu conta do predomínio das tendências simplificadoras nos inícios do movimento ambientalista, constatação que o conduziu a distinguir teoricamente a ecologia superficial da ecologia profunda.

Naess constatou que as pessoas envolvidas no movimento ambientalista o faziam impulsionadas pelos danos imediatos provocados em sua própria vida. A preocupação com o ambiental era conduzida pela percepção de perda pessoal. Esta atitude de preocupação com o meio ambiente, devida a uma preocupação primária com a situação humana em geral e, em especial, com a condição própria dos indivíduos envolvidos, foi definida por Naess como "ecologia superficial" (*Shallow Ecology*). Do ponto de vista ético, a natureza continuava sendo um meio para alcançar um fim, sem ser, de modo algum, finalidade em si mesma.

Em oposição, Naess propôs a necessidade de avançar rumo a uma postura social de "ecologia profunda" (*Deep Ecology*), que colocasse a natureza no centro de atenção. O desenvolvimento ulterior de um movimento ambientalista radical – a ecologia profunda – e a crítica ao antropocentrismo da ecologia superficial converteram-se em pontos críticos dos debates ambientalistas e da ética ambiental ao longo do século XX até nossos dias.

Autores, filósofos e cientistas políticos, entre outros, encarregaram-se de pontuar vários assuntos teóricos básicos para a análise e a compreensão da questão ambiental.

Martin Heidegger e Maurice Merleau-Ponti foram representativos da influência dualista e contraditória do pensamento filosófico sobre o problema ambiental, que se debatia entre o reconhecimento da dualidade sociedade-natureza, a aceitação do antropocentrismo e a fundamentação da necessidade de assumir uma conduta responsável para com a natureza. A obra destes filósofos assentou as bases para a distinção de um conceito central no ambientalismo exposto no início da década de cinquenta por Aleksander Koyré e pela cientista política Hannah Arendt: a alienação da Terra.

Em 1962, *A primavera silenciosa*, de Rachel Carson – provavelmente a obra ambientalista mais influente de todos os tempos –, levantou uma série de problemas concretos relacionados com o emprego dos inseticidas químicos e levou ao plano teórico vários questionamentos ambientais com relação ao caráter das intervenções sociais no ambiente natural, e a preparação cidadã para realizar as intervenções de forma responsável.

Entre as questões abordadas nessa obra, destacam-se a consideração do problema ambiental como alteração da natureza em seu conjunto; o problema do tempo; a intensidade das mudanças; o choque da atividade humana com a dinâmica da natureza; a limitação dos enfoques científicos para dar conta da problemática ambiental; a necessidade de uma conduta humana responsável, o que coloca o problema ambiental no terreno da ética do compromisso com o futuro e destaca a obra desta autora como promotora do princípio preventivo.

Iniciada no trabalho de precursores como Charles Fourier, Lewis Mumford e Aldo Leopold, a ética ambiental, ao perseguir a preservação e restauração do ambiente natural, salientou a necessidade de um compromisso com a natureza e formulou um conjunto de interrogações fundamentais relacionadas com o valor intrínseco da natureza; da ordem natural e do humano; a existência de deveres com respeito às futuras gerações, aos animais, às plantas e aos objetos inanimados; preocupações morais de distintos níveis, entre os quais se incluem os indivíduos, as espécies, os ecossistemas e o planeta; a necessidade de reconhecer limites aos modelos de desenvolvimento econômico e às pretensões humanas de transformação da natureza.

Com o passar do tempo, na ética ambiental configuraram-se várias tendências bem delimitadas, entre elas a ecologia profunda, a ecologia social e o ecofeminismo. Entre os seus elementos de distinção encontram-se o problema do antropocentrismo, sua crítica e a adoção de uma posição abertamente antropocêntrica, biocêntrica ou ecocêntrica. As três se destacaram por sua acuidade e pela contribuição à revelação de problemas teóricos relevantes em matéria ambiental.

Um conjunto de compromissos ideológicos radicais, declarados e promovidos como princípios, caracteriza os ecologistas profundos. Esta tendência foi criticada amplamente, e algumas de suas posições deturpadas e caricaturadas como uma suposta busca de harmonia entre o ser humano e seu meio, a partir de renúncias ao desenvolvimento tecnológico e sacrifícios nas condições de vida. No entanto, a proposta dos ecologistas profundos não pode ser reduzida a tal caricatura. Os pontos fundamentais da polêmica estão centrados no reconhecimento do próprio valor da natureza e da crítica ao antropocentrismo.

Por sua vez, o ecofeminismo não foi menos agudo em sua aproximação ao problema ambiental pela perspectiva feminista, revelando os elementos patriarcais que se encontram na base do modelo cultural ocidental, e destacando sua influência na instrumentação e perpetuação de uma relação predadora com a natureza; mostrou o vínculo existente entre as formas de opressão social à mulher e a depredação ambiental.

Em consequência, fundamentou a necessidade de incluir uma aproximação feminina a esta questão cultural. Como no caso da ecologia profunda, sua forte militância ideológica conduziu a críticas e a algumas expressões caricaturais, mas é inegável sua contribuição ao debate ambientalista contemporâneo.

Inserido na ecologia social, merece menção especial o ecodesenvolvimento, que na obra de Ignacy Sachs e outros autores promoveu a discussão sobre o desenvolvimento sustentável, o estudo das bases de equidade social e a sustentabilidade ecológica no desenvolvimento entendido como ecodesenvolvimento. Esta tendência promove o desenvolvimento a partir das potencialidades regionais, naturais e étnicas, da autogestão comunitária; da consideração da biosfera como um bem público global e o rigoroso respeito aos contratos "natural" e social.

Entre outros elementos econômicos, reconhece a necessidade da intervenção estatal na regulação dos mercados, no planejamento flexível e negociado em correspondência com os interesses dos poderes públicos, nas empresas, nos sindicatos e na sociedade civil. Em meio aos elementos mais gerais destacados pelo ecodesenvolvimento encontra-se o conflito entre três valores da sociedade contemporânea: a eficiência econômica, a justiça social e a sustentabilidade. O primeiro se garantiria com uma alocação ótima de recursos; o segundo, com uma adequada política de redistribuição de renda; e o terceiro, ao considerar a escala ótima de utilização do meio ambiente.

A extensão de um novo paradigma holista, de ecologia profunda na sociedade contemporânea está relacionado diretamente com a reconsideração da oposição sociedade-natureza; com a compreensão do ambientalismo como assunto interno ao sistema de relações sociedade-natureza enquanto totalidade, onde o social é desencadeante primeiro a partir da subjetividade, com a análise da subjetividade cultural envolvida.

Tanto "um" quanto o "outro" não estão separados e não podem separar-se. É possível supor soluções viáveis a partir da produção de conhecimento científico, saber, valores, subjetividade, como parte da interação prática de produção de ambiente, como desenvolvimento próprio da vida. Este é um ponto extremamente sensível, pois não se trata de reestabelecer equilíbrios, voltar a condições passadas, encontrar tecnologias melhores ou piores para estados de futuro desejáveis, "sustentáveis" etc. Há que mudar o modo social atual de produção ambiental e não simplesmente mudar tecnologias ou elementos do sistema produtivo. Este deveria ser um conteúdo fundamental dos esforços educativos renovados.

Quando anteriormente nos referimos ao problema ambiental em termos de uma equação onde não existem dois polos, não reduzíamos o problema de modo idealista à categoria de suposto problema. O problema é real, há um dano tecnológico e produtivo aos sistemas naturais e à biosfera em seu conjunto; existe, de fato, uma exteriorização do dano rumo ao "outro" natural.

Mas esta exteriorização, este dano real, é possível não porque existam diversas tecnologias, sistemas produtivos ou ações humanas depredadoras. Elas são efetivamente depredadoras, mas existem porque emanam de um modo cultural de relação entre o humano e o natural que é primeiramente conceitual, e que depois se traduz em conhecimentos científicos, tecnologias e ações produtivas que degradam a natureza indiscriminadamente.

O modo social atual de relação com a natureza consiste na produção de ambiente destruído, ou em uma produção destrutiva dele. A isso chamamos até hoje problema ambiental. Nesta perspectiva, é um problema de cultura no qual os componentes cognitivo e social são os primeiros que devem ser elucidados e fazer parte dos conteúdos a debater em processos educativos.

Além do mais é muito significativo que se nos situamos na primeira posição – a visão parcial e fragmentada das questões ambientais –, o que se propõe a partir da segunda pode ser avaliado como verdade ou erro e, em consequência, aceito ou rejeitado. Estando na segunda posição – a visão ambientalista como assunto cultural de subjetividade –, o que se propõe pode ser avaliado a partir de suas condições de possibilidade como saber construído pelo sujeito em suas circunstâncias e como expressão de certa prática de vida, o que, desde o próprio momento de sua proposição, passa a fazer parte da infinita rede de nexos recursivos onde observador e observado se autodeterminam e produzem.

Mas, não é essa, precisamente, a lógica do ambientalismo como problema? O que é o problema ambiental senão produção social de vida que destrói as bases da vida? A análise ambiental, a partir de uma perspectiva integradora complexa, torna possível conceituá-la de uma maneira nova. Sua medula não é o dano que os humanos causam à natureza. Ela radica em que os seres humanos, a partir de seus valores – entre os quais está incluído o conhecimento –, se obstinaram há muito tempo em um modelo cultural de produção ambiental destrutiva.

Ao desenvolver suas ações produtivas guiado pelos valores do conhecimento objetivo separado da moralidade, em certo momento o ser humano começou a produzir seu ambiente mediante um processo que consiste na destruição sistemática das bases biológicas de sua própria vida. Em seu processo de vida, assenta as bases, desenvolve e acelera os processos que contribuem para cercear a perpetuação de sua própria existência biológica.

Vista assim, a questão não encontrará soluções mediante o incremento da produção de conhecimento "objetivo" sobre o mundo. O assunto não gira em torno do conhecimento objetivo envolvido, mas sim dos valores envolvidos na constituição desse conhecimento "objetivo". A reflexão sobre a vida e os valores passa, também aqui, a um plano principal e aponta para o vínculo necessário entre as reformas da educação e da política.

Em todo seu processo de vida, o ser humano produz artificialidade: gera um universo de criações artificiais a partir do que é ou não valioso para ele. Isto inclui o mundo dos objetos naturais e artificiais, o das formas de vida e conhecimentos. O problema ambiental é parte da criação do artificial pelo ser humano. Compreender a artificialidade de sua relação com o mundo é um passo decisivo na superação dos enfoques científicos objetivistas que conduziram, a partir da dimensão epistêmica, por meio da tecnologia e da produção, ao dano ambiental.

II.

Em Busca de Rotas Criativas: Educação, Universidade e Complexidade

A pergunta pela educação é a pergunta pelo que ocorre e pelo nosso contexto, pois ela está no centro da vida social, da reprodução e da geração de conhecimentos, da criação do novo e da conservação do passado. A pergunta pela educação é, por sua vez, a pergunta por nossas cegueiras: acaso podemos solucionar um problema com o mesmo pensamento que o criou?

Não é uma pergunta ociosa nem retórica. Einstein afirmou-o categoricamente e se transformamos sua afirmação em pergunta é porque, com frequência, supõe-se que contamos com tudo o que é necessário para enfrentar os desafios de nosso tempo. Ao supô-lo, não se reflete com profundidade na magnitude global dos desafios e na limitação fundamental do pensamento fragmentado e fragmentador com o qual lidamos. Um pensamento que se move nos detalhes e na análise, sem conseguir integrar o que foi previamente desmembrado, não é suficiente para identificar e trabalhar desafios globais.

A humanidade enfrenta hoje um número crescente de desafios que têm como denominador comum sua natureza global. Para dar conta disso necessitamos de uma educação que nos prepare para reconhecer e encarar esses problemas. Contamos com ela apenas parcialmente. A criação desse pensamento necessário é parte da reinvenção da educação e da universidade como um de seus pilares.

Os setores especializados do saber estão compartimentados e se restringem a um domínio que se delimita de forma artificial. O sistema de educação nos prepara para isolar os objetos, mas não para religá-los. É preciso repensar a educação a fim de superar os efeitos cada vez mais graves da hiperespecialização, que inviabiliza o trabalho com os problemas globais. Os problemas essenciais jamais são divisíveis em parcelas, e os problemas globais são cada vez mais essenciais. Ao mesmo tempo, é impossível pensar nos problemas à margem do contexto ao qual pertencem, um contexto global, planetário. Mas que não é somente global.

Se como destacamos antes, a complexidade educativa é complexidade cognoscitiva, política e cidadã, não podemos achar que a educação seja um dispositivo supostamente neutro. As vias para sua reinvenção também não são neutras, posto que devem abraçar suas dimensões cognoscitiva, política e cidadã.

Por outro lado, dentro da institucionalidade educativa, a universidade é um dispositivo fundamental que necessita ser reinventado, ou seja, pensado e feito em correspondência com a natureza dos problemas cruciais que enfrentamos como comunidade e como humanidade.

Os caminhos para a reinvenção da educação e da universidade incluem o contexto; a reforma profunda do ensino e do pensamento; considerar seriamente o que ocorre na ciência, na tecnologia e no planeta; a reversão da disjunção entre a ciência, a ética e a política; a reconceitualização da democracia, do trabalho; assumir o pensamento complexo do Sul.

Contexto da crise da humanidade

O contexto no qual se desenvolvem a vida e a educação na atualidade, é o da policrise da humanidade: uma policrise que demanda criatividade e audácia para contornar o abismo. É preciso reinventar a educação e a universidade a fim de formar pessoas capazes de fazer face ao desafio global, planetário, da policrise da humanidade.

As descrições detalhadas do que ocorre no mundo contemporâneo são infindáveis. Avanços de grande impacto que são acompanhados por fenômenos de degradação e destruição de igual magnitude. Um leque de crises que podemos identificar com formas econômicas, políticas, sociais, ambientais, de saúde, educativas, de convivência, éticas...

Às vezes, discutimos se devemos nos globalizar ou não, quando na verdade, é tão destrutivo nos globalizar quanto tentar nos manter à margem da globalização. A entrega incondicional ao fluxo das correntes globais é tão perniciosa para as comunidades e as identidades quanto a tentativa de protegê-las mediante o isolamento e o freio artificial aos processos globais. A abundância de estratégias falidas evidencia falhas formativas, incompreensões básicas que se alimentam da segmentação e da fragmentação na educação.

Requer-se um pensamento complexo que integre e permita compreender que as policrises ocultam e revelam uma crise maior, a da humanidade que clama para chegar a ser Humanidade. Requer-se um pensamento complexo para compreender que à globalização da dominação devemos opor a globalização da solidariedade, e que é mister aprender e conscientizar para que isso seja possível.

Nada escapa à crise da humanidade que constitui o contexto da nossa atividade. Se compreendermos que o contexto em que vivemos não se reduz a muitas crises desconexas, e sim a uma policrise que tem em seu núcleo a crise da humanidade, a relevância das duas atividades estreitamente conectadas se faz evidente: a educação e a política. Sem mudá-las, a única saída à crise será a destruição. Requer-se criatividade e audácia, sobretudo, para mudar as duas simultaneamente.

Avançar rumo a uma reforma profunda do ensino e do pensamento

As reformas do ensino e do pensamento pressupõem uma a outra, e ambas conformam um ciclo que se retroalimenta. Trata-se de uma reforma "profunda" que não se limita a métodos, procedimentos, ou a mudanças de políticas, de infraestrutura ou de programas de estudo. É necessário evidenciar as fontes e as consequências do pensamento disjuntivo e fragmentador, suas limitações e a impossibilidade de encontrar soluções aos problemas do presente caso continuemos guiados por esse pensamento racionalizador.

Trata-se, de qualquer forma, de compreender as relações, as redes de relações, de reinterpretar a causalidade para compreender as retroações e as curvas geradoras, de superar a rigidez lógica e considerar os processos de auto-organização, o pensamento sistêmico, a dialógica que enfrenta as dicotomias e os isolamentos. De fomentar a atitude para contextualizar e globalizar, e desdobrar as capacidades a fim de propor e resolver problemas. De alcançar o pleno emprego da inteligência e uma nova atitude para organizar os conhecimentos em formas inter, multi e transdisciplinares.

Por outro lado, trata-se de mudar afirmativamente o ensino, pois nele existem ausências notáveis que devem ser superadas, como as representadas em "Os sete saberes...", entendidos como ensinos ausentes e necessários para a educação contemporânea:

1. Ensinar sobre as cegueiras do conhecimento: o erro e a ilusão;
2. Ensinar a trabalhar com o conhecimento pertinente;
3. Ensinar a condição humana;
4. Ensinar a identidade terrena;
5. Ensinar a aprender a trabalhar com as incertezas do conhecimento;
6. Ensinar a compreensão humana e
7. Ensinar a ética do gênero humano.

E não menos importante, também o oitavo saber, ausente e via de regra escamoteado pelo predomínio das relações de dominação: a História.

Trata-se de ensinar a História, omitida e distorcida pelas conveniências da dominação e dos dominadores. E igualmente reconhecer que sem história não sabemos onde estamos, pois não sabemos nem de onde viemos, nem como chegamos até aqui. Consequentemente, sem história não podemos agir.

No caminho da reinvenção da educação emergem ainda dois desafios formidáveis.

Nas grandes organizações burocratizadas e tecnocratizadas as decisões são adotadas a partir de informes especializados, elaborados por especialistas que formam comissões. Assim, o que está fragmentado no campo dos especialistas, aparece também sem face individual no âmbito das comissões. Tudo isso afeta sensivelmente a responsabilidade individual e sua representação social. É preciso uma mudança educativa tal que nos habilite a conjugar uma concepção global do essencial e uma formação ética da responsabilidade. A reforma deve permear todo o sistema educativo, mas é imprescindível que se fortaleça e se enraíze na universidade, que pode e deve realizar contribuições fundamentais: à formação ética da responsabilidade e à formação política da democracia. A partir da universidade pode-se contribuir de maneira decisiva para uma formação profissional e cidadã pertinente, que conjugue a responsabilidade e a democracia, a ética e a política.

A universidade cresceu em nosso tempo, diversificou-se e se estendeu; toma variadas formas nos espaços públicos e privados. Seu prestígio social, o número de estudantes e o alcance, apesar dos desvios locais, crescem. Por sua vez o crescimento traz problemas de infraestrutura, na formação do corpo docente, na organização interna e nos seus vínculos com o meio.

Nos dias de hoje, a universidade alcançou níveis exponenciais de crescimento, no entanto está longe de ser uma entidade democrática. Não o é devido à sua estrutura interna, pelas relações de poder que sobre ela e nela se exercem, pelo manejo geral dos conhecimentos, ainda distante da democracia cognoscitiva e comunicacional. Entre os múltiplos desafios que a universidade enfrenta – onde se incluem, além de questões inerentes aos programas de estudo, os vínculos com a investigação e com a vida material – os de ordem cognoscitiva e cívica são medulares para uma reforma profunda.

A organização disciplinar dos conhecimentos impede hoje que formemos um pensamento capaz de enfrentar os problemas fundamentais de natureza global. Formar um pensamento complexo, que reconheça o que está tecido junto, demanda uma nova epistemologia. Nisso consiste o desafio cognoscitivo.

O estado atual do ensino, que separa o complexo porque não o reconhece, que fragmenta o mundo para conhecê-lo e não é capaz de religar o que foi separado, fraciona os problemas, atrofia a compreensão, limita as perspectivas e impede que possa desdobrar-se uma visão de longo prazo que reúna o que está disperso. Como consequência, um dos problemas mais graves que enfrentamos consiste em nossa incapacidade para trabalhar com os problemas de natureza global.

Por sua vez, isto repercute na ética do ensino, quando cada professor age como soberano de seu campo disciplinar, e reconhece com receio e antipatia qualquer intromissão em seus domínios. A perspectiva cognoscitiva se transforma em atitude que tende a fechar a universidade sobre si mesma, freia o intercâmbio de conhecimentos e limita a realização de suas missões.

Reformar o pensamento requer criar uma nova atitude ante os conhecimentos e a responsabilidade. O desafio cognoscitivo torna-se desafio cívico, que concerne à ética na gestão dos conhecimentos, à democracia cognoscitiva e comunicacional, que é um dos problemas fundamentais do presente.

A separação dos conhecimentos e a hiperespecialização produzem obscurecimentos que limitam a competência cidadã para tomar decisões. Tanto em assuntos de ciência, quanto nos de tecnologia e política, e cada vez mais em todos os domínios da vida social, o poder dos conhecimentos deposita-se nos especialistas.

CONSIDERAR SERIAMENTE O QUE OCORRE NA CIÊNCIA, NA TECNOLOGIA E NO PLANETA

Como examinamos no capítulo anterior, a espiral do avanço científico e tecnológico, impetuosa e crescente, está mudando o lugar das pessoas na vida social. Mudou o mundo do trabalho, e muda radicalmente a vida cotidiana e os nossos corpos, com a introdução dos resultados da ciência e a tecnologia.

As mudanças são fundamentais: operamos os níveis básicos da energia, da vida e da consciência. Do mundo dos objetos vamos nos deslocando ao da conectividade e das redes, abrindo gigantescas possibilidades de aperfeiçoamento e de manipulação. Os impactos não podem ser menos que planetários, e de fato o são, pois nosso objeto de trabalho já não é um pedaço do planeta: é o planeta em sua totalidade.

Os avanços são significativos e não há porque temê-los, mas devemos ser prudentes para habilitar esses conhecimentos, pois a ambivalência da ciência e da tecnologia consiste em mudar, sem predeterminar ou anunciar tais mudanças.

A modificação na ciência nos dota de instrumentos de novo tipo e de poderes extraordinários. Mas, sabemos utilizá-los com prudência? E tão importante quanto esta pergunta: o poder do conhecimento poderá continuar concentrado em algumas poucas pessoas e algumas poucas atividades geradoras de conhecimentos? Podemos e devemos continuar lidando com a noção abstrata de conhecimento no singular? Podemos e devemos nos abrir para a diversidade dos conhecimentos humanos, e de suas fontes?

Estas não são perguntas retóricas, pois chegou a hora de considerar, seriamente, que a ciência não é a única atividade humana que produz conhecimentos válidos; devemos reconhecer o restante, as formas culturais mais diversas que os criam e recriam, e a vida humana em todas as suas dimensões. A grande tarefa consiste em abrir-nos a um diálogo de saberes, e terá que ser um diálogo de comunidades humanas para iniciar o caminho que permita alcançar uma democracia cognoscitiva e comunicacional.

A mudança nos instrumentos e nos processos de trabalho modificaram o lugar dos humanos nos processos produtivos. Cada vez mais a hipertecnologia ou metatecnologia nos desloca para a periferia, visto que a tecnologia passou a ser o meio em que nossa atividade se desenvolve. É um processo maravilhoso e positivo, que no contexto social atual acaba deslocando as pessoas que não conseguem estar na crista da onda e as exclui da vida social condenando-as à condição de párias. É inevitável? Não! Depende de como organizemos a sociedade e se requer, certamente, uma reorganização em profundidade.

As transformações da vida cotidiana e de nossos corpos produz, constantemente, incertezas éticas e políticas que exigem atenção e preparação. Sair dos estreitos limites que o cientificismo e o anticientificismo nos oferecem, também requer um exercício de democracia cognoscitiva e comunicacional que não acontecerá por si mesma. Devemos criar as condições que a façam possível.

Tudo isso nos indica que há uma mudança maior, pois a ciência e a tecnologia afetam a democracia e os domínios da política e da cidadania.

A política altamente tecnificada e profissionalizada tende a deslocar o cidadão e reduzi-lo a espectador manipulável, que delegou aos especialistas (a "classe política", os "decisores", os "políticos", a "administração"...) o poder que lhe corresponde. Chegamos a uma situação insustentável de carência de democracia cognoscitiva e comunicacional na qual o poder dos conhecimentos e das decisões encontram-se concentrados nos especialistas.

Pelo caminho da ciência, da tecnologia, dos conhecimentos, das redes e a ampliação das comunicações também chegamos à pergunta política fundamental pela democracia, pela cidadania, pela ética e pela política.

Educação, política e pensamento do Sul

Toda a educação é política, como assinalou Paulo Freire; contudo, por mais paradoxal que pareça, ainda se pensa na educação como dispositivo supostamente neutro, e ainda se age para fazer da educação um instrumento de reprodução dos propósitos políticos dos grupos que competem pelo poder, e de reprodução do sistema social vigente. Neste sentido, a educação é política por excelência, ainda que se pretenda separada da política. Mas não basta este aspecto da análise.

Falemos de política com maiúsculas; de uma política que consiste em tomar consciência do mundo em que se vive, das relações democráticas que queremos que nele predominem e começaremos a entrever que existe um divórcio entre a educação e essa política, porque a educação está falhando em sua função de preparação dos seres humanos para a vida. Se requeremos uma política de civilização e humanidade, que reconheça nossas responsabilidades e nosso lugar na Terra-Pátria, a educação há de se tornar profundamente política nesse sentido mais amplo.

Fazer de toda a educação, política, no sentido de constituí-la num dispositivo que habilite os seres humanos a alcançar uma consciência crítica de suas circunstâncias, suas atividades e sua vida, permitiria ao mesmo tempo contribuir para a realização prática da vida democrática no sentido antes exposto e para a superação do divórcio atual entre a educação e a política. Superar o divórcio entre educação e política, reconhecer o estreito vínculo entre educação e política, é parte incontornável do pensamento do Sul, chamado para unir e contextualizar.

Chegamos à situação atual guiados por um pensamento que universaliza de maneira abstrata, que separa e fragmenta. Nós o chamamos, indistintamente, pensamento disjuntivo, racionalizador, clássico, moderno... e ainda que cada termo esclareça algum aspecto, é indubitável que se trata de um pensamento que, por separar e fragmentar, é insuficiente para compreender os problemas, para questionar e encontrar soluções.

Requeremos um pensamento que una e contextualize; um pensamento complexo que reconheça e assuma o desafio da complexidade, que não é outra coisa senão o desafio de compreender o que está entretecido, a trama de que formamos parte. Viemos de uma época que semeou a fragmentação e a disjunção como ideais que ganharam formas concretas na dominação cognoscitiva e no universalismo abstrato.

A dominação cognoscitiva nos faz dependentes dos centros de poder e nos oculta a riqueza própria do pensamento dos povos que conseguiram resistir a essa dominação. Por isso, não basta um pensamento complexo para sair da crise. É necessário, mas não é suficiente. Reivindicamos um pensamento complexo e do Sul. E para consegui-lo, primeiro precisamos saber *o que não é o pensamento do Sul:*

1. Pensamento do Sul não se reduz a uma forma, como pode ser o pensamento andino-amazônico;
2. Pensamento do Sul não se reduz a uma localização geográfica;
3. Pensamento do Sul não é desprezo pelas contribuições do Norte e pelo pensamento ocidentalizado, e
4. Pensamento do Sul não se reduz a um pensamento: há muitos suis, o que inclui os suis que existem no pensamento e nas realidades do Norte.

Depois, necessitamos saber *o que é o pensamento do Sul:*

1. Pensamento do Sul é um pensamento em formação a partir dos muitos suis;
2. Pensamento do Sul é um pensamento universalista porque está aberto a todas as culturas, e é um pensamento contextualizado, que não renuncia ao seu próprio fundamento;
3. Pensamento do Sul é um pensamento que reproblematiza nossa relação com a natureza;
4. Pensamento do Sul é um pensamento que reproblematiza a razão e a racionalidade;

5. Pensamento do Sul é um pensamento que reproblematiza a ética, compreende a complexidade ética, é responsável e solidário;
6. Pensamento do Sul é um pensamento que rejeita a unificação abstrata, que reconhece, nutre-se e se abre à diversidade, e
7. Pensamento do Sul é um pensamento que não fica na prosa; e que se abre também para a poesia da vida e o viver.

Desse modo, a complexidade e o bom viver são medulares no pensamento do Sul.

Cabe assinalar que uma forma muito conhecida de universalismo abstrato nos domina; continuamos pretendendo alcançar o conhecimento, como se existissem sujeitos universais possuidores de um olhar de Deus. À pretensão do conhecimento no singular é necessário opor a compreensão dos conhecimentos, da pluralidade, que vem não da atomização individualizante, mas sim da diversidade de formas de vida humana.

À luta por reconhecer e proteger a diversidade biológica devemos acrescentar a luta por reconhecer e proteger a diversidade sociopolítica e cultural da humanidade. E como nada disso se resolve com declarações, é imprescindível educar para um pensamento contextualizado e contextualizador que contribua e faça parte dessa diversidade de conhecimentos humanos.

Em síntese, se consideramos o apresentado até aqui, fica claro que chegamos à crise atual guiados por um pensamento que não nos permitirá sair dessa crise. De onde a reinvenção da educação demanda empenho para constituir e assumir um pensamento complexo do Sul.

Dupla missão da universidade

Como parte da institucionalidade educativa, a universidade é conservadora, regeneradora e geradora. Ela conserva, memoriza, integra, ritualiza uma herança cognitiva, e a gera reexaminando-a, atualizando-a e transmitindo-a. Por isso, a universidade tem uma missão e uma função transecular, que a partir do presente, vai do passado para o futuro.

Também tem uma missão transnacional que é contrária à clausura nacionalista das nações modernas. Pode realizar essas missões porque conta com a autonomia necessária para isso. Não uma autonomia jurídica formal, e sim a autonomia entendida de maneira complexa, ou seja, conta com suficientes vínculos de autonomia/dependência dentro do contexto social.

Na medida em que a universidade fica à mercê de relações sociais estreitas, como sua dependência com relação a grupos de poder internos à academia, os grupos políticos, os cacicados etc.; ou cai em dependência submissa com respeito ao mercado e as suas demandas, que chega inclusive a lhe impor a agenda interna de trabalho; a universidade perde sua autonomia e sua dupla função transecular e transnacional é afetada.

A missão da universidade é realizável unicamente quando uma teia viva de relações de autonomia/ dependência a vinculam ao contexto social que lhe é próprio, ao mesmo tempo que a liberam para integrá-la a um contexto maior que a sociedade humana em seu conjunto representa. É na tensão da autonomia/ dependência que a universidade pode realizar sua missão transecular e transnacional.

A função conservadora da universidade também deve ser entendida como uma relação complexa. Vital, quando salvaguarda, preserva e prepara para resistir às forças da desintegração cultural. Estéril, quando é dogmática e rígida.

A universidade pode cumprir suas missões na medida em que, sem renunciar às suas profundas raízes culturais e cognoscitivas, problematiza e questiona. É a medula da mudança que se operou na universidade no século XIX, sua transformação institucional, que está simbolizada na que teve lugar em Berlim em 1809, que instaurou a liberdade interior da universidade com respeito à religião e ao poder, e colocou a problematização no centro da atividade universitária. Com essa reforma, a ciência disciplinar fortaleceu-se e colocou-se no núcleo da universidade.

Mais tarde, a organização disciplinar transformou-se em rigidez e separação de duas culturas que não conseguiram ainda reencontrar-se, apesar deste problema ter sido identificado com clareza desde os anos cinquenta do século XX. Nos últimos sessenta anos, a inter-relação da ciência com a tecnologia, e os vínculos que se estabeleceram com a sociedade mediante a revolução científica e tecnológica, multiplicaram – ao mesmo tempo que enclausuraram – a universidade. Clausura dos saberes disciplinares, clausura da fragmentação dos conhecimentos, clausura das duas culturas que afetaram a integração das ciências na universidade.

Desde a reforma do século XIX, a universidade investigadora não se destina apenas a formar para o exercício profissional: deve formar para a pesquisa. É fundamental, também, que forme para a vida.

Quando falamos sobre a missão transecular da universidade, referimo-nos a que ela estende seus valores à sociedade, os introduz nela e os fomenta: a autonomia de consciência, a problematização, o primado da verdade sobre a utilidade, e a ética do conhecimento. Esses valores, ao mesmo tempo que constituem o núcleo da formação profissional, não podem permanecer unicamente como valores profissionais – devem ser estendidos e introduzidos na sociedade.

Mas como vimos no capítulo anterior, o século do conhecimento modificou em profundidade o viver das pessoas, afetando a ética e a própria vida. À universidade corresponde, então, participar também ativamente do que a vida social lhe traz, e modificar a si mesma como resultado desse diálogo com a vida transformada, que agora devolve à universidade e à academia perguntas fundamentais pela responsabilidade, pela ética e pela transformação da vida que a introdução dos conhecimentos como ideias ou como artefatos trazem consigo.

Se antes[6] definimos a complementariedade e o antagonismo entre as duas missões da universidade (adaptar-se à sociedade e adaptar a sociedade a si) como duas missões que remetem uma à outra, em uma espiral que deveria ser produtiva, e expressa a necessidade de modernizar a cultura e culturalizar a modernidade... acrescentamos agora que o propósito da universidade de formar para a vida reúne essas missões, sendo tal propósito cada vez mais urgente no século XXI, onde a segmentação dos conhecimentos, a fragmentação e o isolamento das profissões e das

6. Ver a apresentação de Edgar Morin no Congresso Internacional de Locarno 1997, organizado pelo CIRET. Disponível em francês no seguinte site: http://ciret-transdisciplinarity.org/locarno/loca5c2.php

atividades humanas ameaçam a conservação da vida e seu futuro.

A universidade deve se propor como um horizonte de integração que permite realizar mais plenamente sua dupla missão: a formação das pessoas para a vida, o que significa um replanejamento político de si mesma para abrir-se a uma nova compreensão sobre a cidadania, democracia e política. E posto que os horizontes culturais movem-se não apenas para a destruição, e sim também para a criação e para a transformação, a universidade há de abrir-se ao Sul e ao que esta noção ambígua e inquietante traz consigo para inovar e tornar possível uma mudança cultural planetária.

A universidade no século XX teve que cumprir sua missão enfrentando vários desafios que não podem ser subestimados, e que ainda fazem parte do entorno em que se desenvolve:

1. A pressão sobreadaptativa;
2. A dicotomização das duas culturas;
3. A liderança tripla da ciência, da tecnologia e dos saberes marginalizados;
4. A interdisciplinaridade e a transdiciplinaridade demandadas e repudiadas;
5. A reforma do pensamento, do ensino, da vida e da política.

A pressão sobreadaptativa concerne, em primeiro lugar, à adequação do mundo interior da universidade, sua institucionalidade, seus programas e projetos de estudos, às demandas econômicas, técnicas e administrativas conjunturais. Sua subordinação ao mercado de trabalho e bens.

O vínculo da universidade com a vida econômica e política, com o mercado e com suas demandas não é, em absoluto, um fenômeno negativo, mas a sobreadaptação que culmina em subordinação e substituição de finalidades e propósitos, anuncia senescência e morte, pois as forças criadoras terminam em condições de subordinação que as asfixiam e extinguem.

A onipresença do mercado e a generalização do consumismo como ideologia e modo de satisfação das necessidades – que consiste na insatisfação constante, geram demandas públicas que reforçam a sobreadaptação, a mesma que se expressa em estudos de curto prazo, pragmatismo nas titulações, redução drástica das humanidades e dos saberes que não incidam diretamente nas competências relacionadas com o desempenho laboral... perda sistemática da universalidade, incremento da fragmentação e das visões de curto prazo.

A sobreadaptação reduz a universidade a espaço de treinamento e instrumentalização que repercute, por sua vez, na incapacidade do egresso de fazer frente à rapidez das mudanças que ocorrem no mercado de trabalho. Na tentativa de adaptar-se e de cumprir com suas funções formadoras frente ao mundo do trabalho, a universidade sobreadaptada falha em seus propósitos e merma sua condição.

A pressão sobreadaptativa se expressa hoje, além disso, em fenômenos transformadores das relações sociais, como as mudanças radicais que estão ocorrendo nos sistemas de patentes e de direitos sobre os conhecimentos, sobre a propriedade intelectual e industrial. Aparentemente, são as mudanças científicas, a profundidade dos novos conhecimentos na física do micromundo, na genética e nas ciências da vida, que demandam mudanças no sistema de direitos.

Na realidade, tudo é mais complexo: trata-se de um sistema que inclui a ciência, a tecnologia, a universidade e as instituições públicas e privadas para a realização das pesquisas científicas, que influenciam, por sua vez, na transformação das coletividades, no financiamento das atividades científicas e educacionais; uma sequência de ciclos que superpõem-se uns aos outros e que acabam gerando uma dinâmica institucional e social que afeta, diretamente, a ética e a responsabilidade, profissional e cidadã.

Não se trata já, exclusivamente, de ética profissional e sim de mudança na própria ética, da necessidade de uma reformulação da ética que a compreenda complexa (E. Morin) e relacionada com a vida;

que conjugue conhecimentos e valores em busca da sabedoria necessária para lidar com os conhecimentos (Van Rensselaer Potter).[7]

Por sua vez, a dicotomização das duas culturas se apresenta para nós como um fenômeno muito mais complexo que o simples enfrentamento e falta de comunicação entre os especialistas formados nas universidades que cederam sua universalidade a favor seja das ciências, ou das humanidades.

Esta dicotomia não é um fenômeno exclusivo do século XX. Nele, manifestou-se como um enfrentamento entre o ensino humanístico e literário que ainda predominava em uma parte das universidades, em contraposição ao ensino científico e tecnológico. O primeiro, afastado das necessidades da indústria e do progresso e o segundo, vinculado a elas.

Para pensadores avançados da época, a segunda vertente que representava o progresso era preferível à primeira, e na prática da vida da época, acabou triunfando sobre a primeira.

Frente ao ensino humanístico distante da vida prática, a promoção do ensino científico foi um progresso

7. Refere-se às obras *O Método 6 – Ética*, de Edgar Morin, Editora Sulina, Porto Alegre, e *Bioethics: bridge to the future*, de Van Rensselaer Potter, Prentice-Hall, Englewwod Cliffs, Nova Jersey, 1971.

indubitável e um horizonte esperançoso para as sociedades. Mas, com o passar do tempo, a separação entre duas culturas transformou-se em perda do universalismo inerente à universidade. As universidades humanísticas e as técnicas, cada uma por seu lado, representaram a universalidade cerceando-a. É a situação mais ou menos típica de meados do século XX que deu lugar ao reconhecimento da dicotomia das duas culturas.

Então, as duas culturas se representaram como dois segmentos da vida profissional, e as pessoas tornaram-se incapazes de se comunicar entre si pelo isolamento recíproco de suas profissões. Tratava-se de uma dicotomia encarnada na institucionalidade universitária, na perda da universalidade da universidade e no estreitamento dos profissionais. Cada um ficou condenado a uma área de competência específica, além da qual a competência tornou-se incompetência e o conhecimento ignorância.

Começou assim uma nova ignorância: a ignorância da ciência separada e compartimentada, do especialista cada vez mais competente em uma área cada vez mais estreita de conhecimentos e de práticas. A ignorância da disjunção e da separação disciplinar. Mas o processo estava longe de ser concluído.

Primeiro, apesar de ter sido identificado com clareza, não se reverteu em absoluto. A institucionalidade universitária tornou-se cada vez mais especializada e menos universalista. Segundo, acrescentou-se um novo componente, desta vez tecnológico, que provocou uma segmentação. As novas tecnologias da informação e das comunicações trouxeram consigo a possibilidade de novas integrações de conhecimentos e práticas. Em igual medida, trouxeram consigo uma nova segmentação que inclui as pessoas. Termos em voga como "nativos digitais", "ciberespaço", "era digital", "geração Net" vêm significar uma nova dicotomia entre modos de conhecer, aprender, interagir e comunicar.

Por um lado, à dicotomia das duas culturas se acrescenta e se superpõe a dicotomia das três culturas. A possibilidade e realidade de uma nova integração que supere esta dicotomia compete com a possibilidade e com a realidade de uma nova segmentação, que no plano social transforma-se em exclusão e dominação. A recuperação da universalidade da universidade requer agora que se trabalhem as três culturas: humanística, técnico-científica e digital.

Por outro lado, a liderança da ciência é um aspecto a ser considerado. A universidade contemporânea nasceu com os signos da indagação, da pesquisa e da ciência. A liderança da ciência consolidou-se e consolidou a universidade. Mas a exclusividade desta liderança tem hoje competidores de grande envergadura.

A liderança da ciência na geração de conhecimentos compete com a liderança da tecnologia, que veio crescendo, transformando a si mesma, e se converteu, na atualidade, em liderança da hiper ou metatecnologia. Por sua vez, os saberes marginalizados, que haviam sido excluídos da ciência e da universidade, clamam por um espaço que lhes cabe por sua pertinência e vitalidade cultural.

A exclusividade da liderança da ciência é cada vez mais parcial por razões internas e externas. Nas primeiras, a ciência se compromete, cada vez mais, com uma liderança múltipla que se aparta das noções lineares que, nos séculos XIX e XX, faziam pensar na existência de uma ciência líder única e básica. A liderança da física, entendida ao modo positivista como liderança exclusiva, enfrenta hoje a liderança múltipla das ciências da vida e da cognição.

A ciência conserva assim sua liderança multiplicando-a. São estas três lideranças que fortalecem a ciência, a diversificam, ao mesmo tempo que a privam do exclusivismo verticalista de outrora, que colocava uma só ciência por cima das demais. A isto soma-se a situação crítica das ciências sociais, crítica no sentido complexo, ou seja, o momento de oportunidade e mudanças que potencializam a mudança nas ciências sociais e suas incessantes buscas epistemológicas para dar conta de seu objeto de estudos fragmentado.

A liderança científica múltipla tem por sua vez que conviver com a liderança das tecnologias, produtoras de conhecimentos e inovações, geradoras elas mesmas de problemas tecnológicos e de problemas que exigem pesquisa científica. Trata-se de uma nova liderança que, às vezes, separa-se da liderança das ciências para aparecer como liderança independente, e por outras, funde-se com a liderança das ciências em uma nova liderança científica e tecnológica, reconhecível em termos de uso, como "tecnociência".

O impacto da tecnologia e de sua liderança tem relevância epistemológica, pois mostrou que não somente o conhecimento científico justificado e fundamentado é o gênero de conhecimentos apreciável, valioso e digno de crédito como verdadeiro. Distintos em sua forma, em sua justificativa e em sua realidade, os conhecimentos tecnológicos vêm ampliar a própria noção de conhecimento para incluir um plural irrenunciável.

Finalmente, no enquadramento desta ocorrência simultânea de lideranças – partindo da cidadania e das comunidades, dos ambientes sociais de resistência à dominação, das culturas que conseguiram sobreviver e conservar saberes, práticas médicas e conhecimentos sobre a natureza e suas potencialidades – faz-se visível a competência de saberes não científicos, que demandam espaços e mostram vitalidade. Eles reúnem o valioso e o supérfluo, práticas validadas pela vida, crenças e superstições, um mundo de realizações e de imaginários.

A universidade não pode incorporar acriticamente esses saberes e sucumbir diante deles. Envolvidos, muitas vezes, em formas míticas e cotidianas que são contrárias à ciência, não podem ser incluídos sem um exercício crítico e sistemático pormenorizado. Como impedir que o exercício crítico necessário converta-se em barreira paradigmática e exclusão cognoscitiva? Passar por cima dos métodos da ciência ou se ajustar, dogmaticamente, às suas formas acunhadas, não podem ser as alternativas que dominem a busca de soluções para um problema que concerne à organização dos conhecimentos e à geração de conhecimentos pelos seres humanos, a partir de suas práticas e formas de viver.

A universidade também não pode virar as costas a estes saberes, que em sua diversidade representam não apenas a ameaça das novas mitologias, mas também a riqueza do que foi omitido e oprimido pelas relações de dominação cognoscitiva.

O desafio que representa para a universidade a liderança compartilhada por diversos saberes humanos tem relevância para sua reinvenção, pois em busca de vias para a metamorfose da humanidade podem ser encontradas novas alternativas. A universidade que existe hoje é um resultado da história, tem certidão de cidadania europeia e, ainda que represente valores que portam universalidade, não é alheia aos processos de dominação social e cultural que têm também a forma de dominação cognoscitiva.

Uma via para enfrentar o desafio da origem radica em abrir a universidade à riqueza do pensamento que provém dessas fontes culturais que nutrem o pensamento do Sul. As chaves não estão em aceitá-lo ou rechaçá-lo, e sim em produzir uma abertura a partir da problematização universitária que, por sua vez se reverta sobre ela e habilite o cumprimento de sua dupla missão.

Um desafio fundamental, que pôs à prova as forças de conservação e mudança no seio da universidade, concerne à interdisciplina e à transdisciplina, entendidas como antídotos à separação e à dicotomização dos saberes. Avançar em direção a formas de organização dos conhecimentos que sejam interdisciplinares e transdisciplinares se repete, exige-se e é posto em prática por coletivos pioneiros. Interdisciplina e transdisciplina tiveram a sina de serem popularizadas e incompreendidas. Muitas vezes, demandadas no discurso e, outras tantas, repudiadas nos fatos.

As razões são muitas para que isso ocorra. Somam-se razões institucionais, paradigmáticas, conceituais... não se excluem os hábitos, os costumes e a formação de capelas intelectuais.

Desde o fim do século XX, realizaram-se esforços sistemáticos a fim de avançar na superação das barreiras disciplinares e orientar a formação e a pesquisa dos que seguem a rota da interdisciplinaridade e da transdisciplinaridade. A lista de ações é muito ampla e inclui eventos promovidos por organizações internacionais, como o Simpósio "Transdisciplinarity – Stimulating Synergies, Integrating Knowledge" – UNESCO – Division of Philosophy and Ethics, 1998 [Transdisciplinaridade – Estimulando Sinergias, Integrando Conhecimento – UNESCO – Divisão de Filosofia e Ética, 1998], a realização de investigações para promover recomendações de mudança cognoscitiva e institucional, como foi o caso da Comissão Gulbenkian para a reestruturação das ciências sociais em seu informe *Para abrir as ciências sociais,* Cortez Editora, 1996; reuniões de pesquisadores comprometidos e declarações de princípios programáticos, como a "Carta da transdisciplinaridade" (I Congresso Mundial de Transdisciplinaridade, Convento da Arrábida, 1994); buscas metodológicas intensas como as realizadas por Basarab Nicolescu (*O manifesto da transdisciplinaridade,* Triom, 1999)... investigações e ações que abriram caminhos e encontraram resistências formidáveis. Todas enfrentaram uma barreira cultural profunda, que não pode ser superada sem uma reforma do pensamento, do ensino, da vida e da política.

A reforma do pensamento e do ensino, seu caráter duplo e a necessidade de compreendê-la e avançar rumo a ela, não como uma reforma a mais, e sim como uma mudança global que demanda um esforço intelectual e prático monumental, foi argumentada detalhadamente em vários textos de ampla divulgação, entre os quais cabe mencionar: *A cabeça bem-feita* e *Os sete saberes necessários à educação do futuro*.

Trata-se de um processo que não pode reduzir-se a modificações conjunturais ou de infraestrutura, e sim de uma reforma profunda que atenda simultaneamente os vazios da educação contemporânea e a façam efetiva para capacitar os seres humanos a resolver os problemas fundamentais e globais. Uma reforma que deve resolver a impossibilidade que supõe o dilema da formação de formadores, posto que é necessário educar os educadores mediante ações de transformação pioneiras – marginais a princípio – mas que irão crescendo e se diversificando mediante a participação de amplos setores e o auxílio da energia da espiral, com a qual a reforma do pensamento retroalimenta a reforma do ensino e vice-versa.

Uma reforma profunda, como a que se requer, não pode realizar-se à margem de uma mudança fundamental de caráter epistemológico. Esta é talvez a mudança nuclear que pode detonar o restante das mudanças.

Não é possível reformar o ensino e o pensamento sem adotar uma postura epistemológica aberta à complexidade do mundo, à sua diversidade social, cultural e biológica. A dispersão do saber contemporâneo não é somente um fenômeno resultante da forma disciplinar adotada, com prevalência, pelo saber universitário.

Detrás da riqueza do fenômeno podemos descobrir um problema relevante, de natureza epistemológica, que concerne à reorganização desse saber disperso. A reforma do ensino e do pensamento, que é medular na reforma da universidade, deve prestar atenção à necessidade de uma nova epistemologia, que reconheça a diversidade humana de atividades, realidades de vida e perspectivas.

Essa diversidade não é a de um conglomerado de objetos separados, senão a de uma rede onde as conexões configuram totalidades que delimitam os componentes. Nesta nova epistemologia, haveria um duplo caminho a percorrer: da diversidade de práticas geradoras de conhecimentos e da globalidade que as integra na rede da qual fazem parte.

Nenhum desses caminhos, por si só, representa o caminho dos conhecimentos. É necessário tomar ambos para reorganizar os saberes, aproveitando esses saberes polidisciplinares e multicêntricos que têm em seu centro sistemas complexos como a biosfera, a Terra, a cultura. E aproveitando esses saberes que, partindo das profundezas das comunidades e das culturas, reconhecem a totalidade e não a reduzem nem ao lado prosaico, nem ao poético da vida.

As ciências que estudam o ser humano encontrarão, neste duplo caminho, fontes renovadoras fundamentais que lhes permitiriam abandonar as rotas das conhecidas economia e política que ignoram as pessoas reais e seus problemas.

A transdisciplinaridade, entendida como forma de organização dos conhecimentos, não pode ser reduzida a um problema de método ou metodologia. Tampouco consiste em um exercício de mutação e trânsito entre disciplinas. Deverá estar aberta à identificação e busca de soluções aos problemas de natureza complexa. Complexidade e transdisciplinaridade seguem juntas, do mesmo modo que vão juntas educação e autoeducação. Assim, a possibilidade da vida pode enfrentar a impossibilidade da lógica, e tornar possível que os formadores formem formadores que, por sua vez, formarão outros formadores...

Do mesmo modo que a reforma do pensamento reclama e requer a reforma simultânea do ensino, a transdisciplinaridade somente poderá acontecer se produzir-se uma reforma do pensamento que inclua essa transdisciplinaridade.

Círculo vicioso ou virtuoso? Virtuoso dizemos, porque funda-se no fazer de uma reforma paradigmática que concerne à nossa atitude para organizar os conhecimentos e retomar a centralidade da problematização, a fim de que a universidade reinvente a si mesma e cumpra sua dupla missão. Uma problematização que inclui a problematização da ciência, da tecnologia, dos conhecimentos e da própria universidade.

A todos os desafios que o século XX acrescentou à dupla missão da universidade, soma-se o de completar a reforma paradigmática para incluir a reforma da vida que inclui, por sua vez, a reforma da política.

Todas as reformas convergem em uma reforma da vida. Ainda que as imagens de bem-estar anunciem os gozos da vida plena e da abundância, da civilização e da razão, vivemos vidas degradadas e ameaçadas pelas barbáries do egoísmo, da inveja, do ressentimento, do ódio; alimentam-se os ódios de nações, de indivíduos, gêneros, sexos, classes, povos e regiões. A civilização é acompanhada pela barbárie; a velocidade e a mudança nos afastam do desfrute e da plenitude, a disjunção valorativa transforma-se em hipertrofia dos valores econômicos e do dinheiro, e a angustia existencial se aplaca com a posse e o consumismo desenfreados.

À deterioração da convivência no anonimato, à mecanização e à hiperespecialização diagnosticadas por Iván Illich, somam-se hoje a deterioração da biosfera e das vidas cotidianas. O bem-estar tornou-se mal-estar.

Reformar a vida é, em primeiro lugar, a conquista de uma arte de viver. Seja a busca dos antigos, ou da representação do bom viver dos povos andino-amazônicos, a conquista de uma arte de viver implica reduzir o poder do dinheiro e o afã de lucro. Ela não pode reduzir-se à representação materialista ocidental do bem-estar, e deveria reconhecer que a qualidade é mais importante que a quantidade, que o ser é mais importante que o ter, que devem associar-se necessidades de autonomia e de comunidade, bem como recuperar a poesia da vida.

Enunciamos antes[8] as finalidades da reforma da vida em um cenário geral de desaceleração, que alterne serenidade com intensidade (que aprofunda a humanização); autonomia com comunidade (que afirma a liberdade com responsabilidade, a integração no "nós"); convivência e compreensão (que afirma o conviver como atitude para a simpatia e para o diálogo, e a compreensão não como gesto de condescendência, e sim como resistência à redução de uma realidade complexa a um de seus elementos); compenetração do feminino no masculino e do masculino no feminino (posto que cada sexo leva em si a presença do outro); e a vinculação estética (que expulse a publicidade que degrada e aprecie a qualidade que o sentido global de arte oferece).

Para transcender e reencontrar a si mesma neste novo milênio, a universidade deve tomar consciência das barreiras institucionais e das aberturas epistemológica, cultural e política necessárias à sua reinvenção.

8. Ver *A via*, quarta parte: "Reformas da vida".

III.

Transformação da Política e o Político. Sociedade, Política e Academia

A política é uma atividade que parece não ter fronteiras. Seu âmbito se estendeu, impregnou-se de todos os problemas da sociedade e deixou-se impregnar por eles. Em alguns casos muito notáveis, como no vínculo com a economia, há uma constante oscilação entre duas simplificações: a que subordina a economia à política e a que subordina a política à economia.

Assim, de ilusão em ilusão, chegamos a supor que uma política de desenvolvimento econômico promoveria, por sua vez, desenvolvimento social, que este também por sua vez, proporcionaria desenvolvimento humano que, igualmente, em um círculo vicioso, favoreceria o desenvolvimento político. É um esquema circular que não pode dar conta da complexidade política que tem, entre seus ingredientes, o contexto da sociedade planetária e a consideração da política como arte.

Compreender a política é compreender uma arte que exige imaginação, criatividade e capacidade para enfrentar a ecologia da ação. Uma arte arriscada que deve combinar o princípio do risco com o da precaução. A arte da política tem hoje diante de si o desafio monumental de abrir *A via* que libere a humanidade do desastre de estabelecer um compromisso com a realidade no propósito de modificá-la. Uma arte que exige constante autoexame e autocrítica, compromisso ético e diálogo com os conhecimentos. Estes últimos, contrapostos e apequenados pela carnavalização da política e pela disjunção entre ciência, ética e política.

Como exposto na obra *A via*, a ação política baseou-se sempre, implícita ou explicitamente, em uma concepção de mundo, de ser humano, de sociedade e de história, ou seja, em um pensamento. Necessitamos de uma política que se proponha aprimorar as relações entre os humanos (povos, grupos e indivíduos), e esta deve, mais que qualquer outra, fundar-se em uma concepção de mundo, de ser humano, de sociedade e de história, mas também em uma concepção de era planetária. Sem um diagnóstico pertinente sobre o curso atual da era planetária que está arrastando a espécie humana em sua corrida, não se pode fundar uma política que habilite a via que nos afaste do abismo.

Visto da perspectiva que o contexto planetário oferece, o pensamento político encontra-se no grau zero. Ignora os trabalhos sobre o devir das sociedades e do mundo. A política tecnificou-se e se tecnologizou, banalizou-se, carnavalizou-se e já não tem um pensamento. Já não tem cultura. Já não percebe o efeito de Shakespeare. Ignora as ciências humanas. Ignora os métodos que seriam aptos para conceber e tratar a complexidade do mundo, para vincular o local com o global, o particular com o geral.

Privada de pensamento, a política vai a reboque da economia. Como dizia Max Weber, a humanidade passou da economia da salvação à salvação pela economia. Esta acredita resolver os problemas políticos e humanos mediante a competição, a desregularização, o crescimento, o aumento do PIB e, em caso de crise, o *rigor*, ou seja, os sacrifícios impostos aos povos. E, assim como a coruja foge do sol, a classe política esquiva-se de qualquer pensamento que possa iluminar os caminhos do bem comum.

O pensamento político precisa ser regenerado. Isto significa a um só tempo, a reforma do pensamento – que examinamos no capítulo anterior – para que chegue a ser necessariamente complexo; ou seja, deve ter em conta os contextos, interações e retroações, reconhecer as ambivalências e contradições, conceber as emergências, e considerar as relações helicoidais entre o global e o local. Teria que basear-se em uma concepção trinitária do humano (indivíduo-sociedade-espécie), em uma concepção complexa do indivíduo (*sapiens/demens; faber/mythologicus; economicus/*

ludens). Deveria ser capaz de pensar a era planetária e preparar *A via* da salvação comum.

A nova política obedeceria a uma dupla orientação: a de uma política da humanidade e a de uma política da civilização. Deveria pensar permanente e, simultaneamente, no planetário, no continental, no nacional e no local. Trata-se de uma política capaz de dialogar com a realidade e com a identidade humana.

Política de humanidade, política de civilização, antropolítica

A política renovada há de ser *política de humanidade,* pois isto é o que exige a comunidade de destino da espécie humana frente a problemas vitais e mortais comuns. Uma política baseada no conceito de Terra-Pátria, que leva em conta a consciência do destino, a identidade e a origem comum de toda a humanidade. A Terra-Pátria, longe de anular as pátrias singulares, as integraria em uma grande pátria comum.

Diferentemente dos internacionalismos que ignoravam a importância da diversidade cultural e nacional, a Terra-Pátria se ocuparia de proteger, indissoluvelmente, a unidade/diversidade humana: o tesouro da unidade humana é a diversidade humana, o tesouro da diversidade humana é a unidade humana. Uma política capaz de romper com as opções dicotômicas do presente que exigem globalizar ou desglobalizar, crescer ou decrescer, desenvolver ou envolver, transformar ou conservar.

A transformação do político em uma política de humanidade requer atender problemas fundamentais como a existência de um substrato para a sociedade-mundo; a reforma da ONU e a implementação de uma governança global que dispusesse de instituições dotadas de poderes efetivos para prevenir as guerras, planejando o desarmamento progressivo e generalizado (que teria de começar pelas armas de destruição massiva); que assegurasse a aplicação de normas ecológicas e econômicas vitais e de interesse planetário; que se propusesse a reduzir as enormes desigualdades que existem no mundo; assim como a regulação dos fluxos migratórios.

Uma política que superasse a ideia de desenvolvimento, que integre o que é válido nessa ideia, mas que o insira no contexto singular de cada cultura ou nação. Que o assuma criticamente, como parte de um exercício necessário para desfazer-nos da arrogância intelectual do centrismo ocidental, que menospreza e qualifica como subdesenvolvidas culturas que possuem conhecimentos, técnicas, sabedorias e artes de viver, com frequência ausentes ou desaparecidas no Ocidente. Uma política de humanidade terá que apreciar as ambivalências e as qualidades de todas as culturas, promovendo ao mesmo tempo os aspectos positivos da ocidentalização.

E ainda, completar a ideia de desenvolvimento com a de envolvimento – com a conservação das proteções comunitárias, de salvaguarda das qualidades que o desenvolvimento tende a destruir, de regresso a valores não materiais como a sensibilidade, o coração, a alma. Uma política que respeite a autonomia das sociedades, incluindo-as nos intercâmbios e nas interações planetários; que reforce o local, regional e nacional ao mesmo tempo que o mundial.

A transformação do político exige, ademais, *uma política de civilização* que se exerça sobre os crescentes efeitos negativos do desenvolvimento da civilização ocidental, e que potencialize seus efeitos positivos. Que enfrente os males da civilização que puseram em evidência a face negativa da individualização; a dissolução das solidariedades tradicionais; a urbanização; a tecnificação e a monetarização do desenvolvimento e o bem-estar; a família em crise e o estresse como o tipo de vida que predomina... que encare as regressões democráticas: o desempoderamento dos cidadãos pelos especialistas e técnicos; a crise das ideologias, que foi crise dos ideais e dos projetos; a degradação do civismo pelo efeito da deterioração da solidariedade e da responsabilidade, entre outros.

Uma política de civilização incluirá, por necessidade, uma política de solidariedade; uma política de qualidade de vida; reconsiderará a questão democrática; valorizará os povos indígenas e evitará as integrações que desintegram; abrirá a via ecológica; buscará vias eco-reformadoras; trabalhará para reformar o pensamento e proporá uma ecopolítica planetária que atenda problemas fundamentais como o consumo, o habitat, o transporte e a convivência, a água, as energias e os recursos renováveis, a cidade e o campo, a natureza.

Trata-se de uma política situada no complexo que inclui a economia, ecologia, sociedade, civilização e política. Isso significa considerar os dados particulares em relação ao conjunto do qual fazem parte, e também considerar o conjunto em relação às partes.

A transformação da política e o político demanda atender um conjunto de aspectos fundamentais da política em si mesma, como a reversão da disjunção entre ciência, ética e política; a reconceituação da democracia; a compreensão complexa da cidadania, que enlaça ética, política, democracia e cidadania; o predomínio das relações de dominação e seu vínculo com a democracia cognoscitiva e comunicacional; considerar o desafio complexo que tem diante de si a academia frente à política e o político. Significa assumir o Sul e seu pensamento.

Sem dúvida, a disjunção da ética, ciência e política é um dos sinais distintivos da crise da humanidade. Pelo caminho da ciência à margem da ética, avançamos irremediavelmente ao abismo. A chave reformadora se encontra, não em proibir a partir da ética, não em impor restrições éticas ao avanço das ciências, mas sim em habilitar com pertinência ética os conhecimentos científicos. Uma ética que conduza e qualifique é a que necessitamos e se encontra em formação. Ela também é parte do pensamento do Sul.

É preciso levar em conta que a ética está mudando em duas direções, hoje ainda separadas:

- A bioética (global) que reivindica a ampliação do círculo da moralidade para incluir os seres humanos em seu contexto, ou seja, para incluir o vivo e a vida;
- A ética complexa que propõe assumir a complexidade da moralidade humana para superar as dicotomias e atender a incerteza moral de nossos tempos tecnocientíficos e planetários.

Essa ética em formação, por um lado complexa e bioética, também é parte do pensamento do Sul.

Por outro lado, a disjunção da ética e da política, induzida por várias correntes do pensamento político a partir da modernidade e presente na vida política contemporânea através do cinismo e da falta de responsabilidade política, necessita ser superada com uma ação ao mesmo tempo política e educativa.

A disjunção da ética, da ciência e da política repercute, diretamente, nas disjunções educativas, e a educação de hoje contribui para a reprodução dessa disjunção. O esforço não pode ser apenas educativo, requer ser prático e transformador. No plano educativo e científico é requerido pensar também, a partir do Sul, a política e o lugar da democracia e dos cidadãos nela.

Os tempos atuais pedem que conjuguemos ética, ciência e política em uma *antropolítica* capaz de integrar em si os imperativos da era planetária. A ética planetária somente pode afirmar-se a partir de tomadas de consciência capitais:

1. A tomada de consciência da identidade humana comum através das diversidades de individualidade, cultura, língua.
2. A tomada de consciência da comunidade de destino que daqui por diante une cada destino humano ao do planeta, incluída a vida cotidiana.
3. A tomada de consciência de que as relações entre humanos estão devastadas pela incompreensão; e que devemos nos educar na compreensão, não somente para os mais próximos, mas também para os estrangeiros e os mais distantes em nosso planeta.
4. A tomada de consciência da finitude humana no cosmos, que nos conduz a conceber que, pela primeira vez em sua história, a humanidade deve definir os limites de sua expansão material e, correlativamente, empreender seu desenvolvimento psíquico, moral, mental.

5. A tomada de consciência ecológica de nossa condição terrena, que compreende nossa relação vital com a biosfera. A Terra não é a soma de um planeta físico, uma biosfera e uma humanidade. A Terra é uma totalidade complexa físico-biológica-antropológica na qual a vida é uma emergência da história da Terra, e o ser humano uma emergência da história da vida. A relação humana com a natureza não pode ser concebida de maneira disjunta, isolada ou simplificadora. A humanidade é uma entidade planetária e biosférica. O ser humano, ao mesmo tempo natural e sobrenatural, deve voltar às fontes da natureza viva e física, de onde emerge e da qual se distingue pela cultura, pensamento e consciência. Nosso vínculo consubstancial com a biosfera nos conduz a abandonar o sonho prometeico do domínio da natureza pela aspiração à convivencialidade na Terra.
6. A tomada de consciência da necessidade vital da dupla pilotagem do planeta: a combinação da pilotagem consciente e reflexiva da humanidade com a pilotagem eco-organizadora inconsciente da natureza.
7. A tomada de consciência cívica planetária, ou seja, da responsabilidade e da solidariedade para com os filhos da Terra.
8. O prolongamento, no futuro, da ética da responsabilidade e da solidariedade com nossos descendentes (Hans Jonas), daí a necessidade de uma

consciência com a teleobjetiva dirigida, alta e distante no espaço e o tempo.

9. A tomada de consciência da Terra-Pátria como comunidade de destino/origem/perdição. A ideia de Terra-Pátria não nega as solidariedades nacionais e éticas, e de nenhum modo tende a desenraizar cada qual de sua cultura. Acrescenta a nossos enraizamentos um enraizamento mais profundo na comunidade terrena.

A ideia de Terra-Pátria substitui o cosmopolitismo abstrato que ignorava as singularidades culturais, e o internacionalismo míope que, por sua vez, ignorava a concretude das pátrias. A fonte necessária da maternidade incluída no termo "Pátria" contribui com a fraternidade. Não há irmãos sem mãe. A isso, acrescenta-se uma comunidade de perdição, posto que sabemos que estamos perdidos no gigantesco universo, e que estamos todos condenados ao sofrimento e à morte.

A missão antropo-ético-política do milênio é realizar uma unidade planetária na diversidade. É superar a impotência da humanidade para se constituir como humanidade, daí a necessidade de uma política da humanidade. É civilizar a Terra, ameaçada pelo desencadeamento das velhas barbáries e da generalização da nova barbárie glacial própria da dominação do cálculo técnico-econômico; daí a necessidade de uma política de civilização.

A antropolítica recoloca o cidadão no centro dos processos. É fundamental; mas sem incorporar a ética e as identidades, produzirá um novo individualismo extremo. Pode-se evitar? Sim, pode-se evitar, e a vida para conseguir isso passa pela reinvenção da educação e da reconceituação da democracia.

RECONCEITUAR A DEMOCRACIA E O CIDADÃO

A democracia é um ideal e um anseio, mas é também um conceito político que, nesta era de superdimensionamento da política, rompeu seus limites por completo. A ideia de democracia não é outra coisa que o respeito pela complexidade humana, ou seja, o fato de não contentar-se com simplificações maniqueístas ou tecnicistas, bem como pela complexidade social, que contém numerosas desordens e antagonismos.

E como sistema, a democracia institui a complexidade política. Não é a lei da maioria, mas a regra do jogo que permite que a múltipla diversidade de opiniões se expresse e se conforme através da polêmica e do debate em foros públicos. Pode exercer assim a função reguladora dos conflitos, e pode chegar a permitir que o conflito seja frutífero, ou seja, que gere o novo. Assegurar, de igual modo, o voto periódico da maioria e a proteção das minorias, são essenciais à democracia, ainda que insuficientes. É necessário transpor as fronteiras formais para habilitar um exercício pleno de seus agentes: os cidadãos.

A compreensão formal estreita do cidadão como portador de direitos e deveres reduz a complexidade política. A compreensão complexa da cidadania enlaça ciência, ética, política e democracia.

Ciência, tecnologia e cidadania

O impetuoso avanço da ciência e da tecnologia é um dos sinais distintivos da sociedade contemporânea. Produziu mudanças fundamentais na vida cotidiana e na produção de bens, transformou a convivência e as relações de poder. A dinâmica de mudanças que provocou foi tão significativa, que desafiou os costumes, a moralidade e a vida. Entre as transformações fundamentais que ocorreram sob sua influência, encontra-se o surgimento de novos campos de interconexão entre ciência e ética, como a bioética e os estudos sociais da ciência e da tecnologia; a modificação do meio social e natural reconhecível no problema ambiental; e a entrada da humanidade em uma nova etapa de seu devir histórico, identificada, parcialmente, como destacamos antes, no conceito de globalização.

A centralidade da ciência e da tecnologia transformou-se em um problema para a política. As políticas de ciência e tecnologia enfrentam o desafio de uma marca científico-tecnológica global com traços hegemônicos, e nos entornos locais, necessidades muito variadas, às vezes diametralmente opostas a essa hegemonia. Aparece assim, uma problemática política extremamente controvertida pois a definição de políticas deve considerar a polaridade do global e do local, sem poder distinguir com clareza, em todos os casos, o ente mediador que pode habilitá-las realmente para gerir e direcionar as mudanças.

Para que possa cumprir sua função a própria política deve ser transformada, de uma atividade delegada hoje aos especialistas, a uma que coloque no centro o cidadão. No entanto, a redução da noção de cidadania a um dispositivo instrumental formal, e da política a uma atividade tecnificada, demanda a transformação simultânea e correlacionada de ambas. Vejamos um pouco mais de perto os elementos orientadores de uma dinâmica de mudanças que enlaça ciência, tecnologia e cidadania.

Por uma parte, o caráter norteador das transformações científicas e tecnológicas na sociedade contemporânea está longe de se limitar à criação de dispositivos e procedimentos novos. Como atividades reitoras, transformam a vida social, a natureza, e transformam a si mesmas em uma vertiginosa espiral que parece ainda estar longe de seus próprios limites.

O avanço científico e tecnológico contemporâneo pode ser caracterizado como processo de duplo entrelaçamento e deslocamento. A ciência e a tecnologia contemporâneas encontram-se entrelaçadas e em conjunto com a vida cotidiana. Este duplo entrelaçamento tem efeitos fundamentais sobre a sociedade e a natureza. E, no que se refere a seu impacto, este pode ser definido através de três fatores: intensidade, profundidade e extensão. Visto em sua manifestação como entrelaçamento de ciência e tecnologia:

1. Conforma um circuito que se retroalimenta constantemente;
2. Produz uma espiral de novos conhecimentos e a transformação da ciência e da tecnologia como atividades, e
3. Amplia a compreensão dos conhecimentos científicos e tecnológicos, para incluí-los de maneira paralela (ciência e tecnologia) e complementar (tecnociência), ao mesmo tempo que os diferencia e reconhece como epistemologicamente válidos.

Visto em sua manifestação como entrelaçamento da ciência e da tecnologia com a vida cotidiana:

1. Condiciona mudanças radicais na vida social, e
2. Desafia os conhecimentos, os costumes e os valores das comunidades humanas.

O circuito de ciência e tecnologia converteu-se em um dos motores mais importantes para a transformação social e do meio natural. A retroalimentação que ele produz reafirma a ciência e a tecnologia como atividades geradoras de novos conhecimentos, estreitamente conectadas com a vida econômica e com a transformação prática do ambiente. O "natural" vai desaparecendo, cada vez mais, do horizonte produtivo, e seu lugar é ocupado pelo "artificial", criado pelos seres humanos, com base nos conhecimentos avançados que ciência e tecnologia oferecem.

A espiral de novos conhecimentos é vertiginosa e autotransformadora. O primeiro impacto é recebido pela ciência e pela tecnologia como atividades. Ali onde a espiral se freia ou se detém, a atividade científico-tecnológica se diferencia, e junto com ela se diferencia a parte da sociedade que segue o ritmo das mudanças, enquanto a outra fica à margem delas.

O processo parece semelhante a um torvelinho, onde há áreas de ciência-tecnologia-sociedade que se deslocam ao centro vertiginoso e estreitam relações entre elas, enquanto outras vão ficando atrasadas, desarticulam-se cada vez mais enquanto se deslocam para a periferia. É um processo que se agravou desde os anos oitenta e é identificável na criação de núcleos de avanço científico-tecnológico (parques tecnológicos, polos científicos...), o que em determinados momentos torna inclusive problemático referir-se à ciência e à tecnologia ou ao seu avanço (revolução tecnocientífica) como um processo homogêneo ou relativamente uniforme em regiões e países.

Para a compreensão da política e para a definição de políticas, a polarização que articula/desarticula ciência-tecnologia-sociedade tem consequências fundamentais. Incide na diferenciação da atividade científica e tecnológica e na diferenciação social mais ou menos extremas. A existência de centros de pesquisa científica em convivência geográfica e cultural com bairros marginais, torna visível este tipo de situações paradoxais. E ainda que se trate de um processo global, seu impacto nos países subdesenvolvidos que priorizam o avanço científico e tecnológico em função do desenvolvimento social pode se fazer notório.

É um fator essencial a considerar para a formação das políticas públicas, além do mais, porque seu impacto se reverte na população, que pode ter um posicionamento muito desigual com respeito à ciência e à tecnologia, tanto no âmbito prático de acesso, como no de conhecimentos e percepção social delas e de seus resultados. De maneira geral, na formação das políticas leva-se em conta o problema do acesso, mas nem sempre o restante. Tais situações favorecem a ativação crítica de alguns setores sociais, assim como a passividade de outros.

Como explicamos antes, a ampliação da compreensão dos conhecimentos expressa-se, primeiro, no reconhecimento da tecnologia como uma atividade geradora de conhecimentos válidos. Para a compreensão clássica do conhecimento é uma situação completamente fora do prognóstico, pois a ciência ocidental era vista, desde a modernidade, como a atividade produtora de conhecimentos por excelência, e ante ela, o resto das atividades ficaram em desvantagem.

A emergência da tecnologia, nesta dimensão cognoscitiva, contribui para superar o monopólio da ciência como supostamente a única atividade produtora de conhecimentos, e abre as portas a interpretações epistemológicas que reconhecem a diversidade dos conhecimentos, de suas fontes e de suas possibilidades explicativas.

Não é nada casual que tenham surgido, quase simultaneamente, propostas epistemológicas divergentes; a bioética como novo saber ético e os estudos ambientais; as epistemologias hermenêuticas e de segunda ordem, que democratizam a noção de sujeito e reconhecem a urgência de propor o problema dos conhecimentos, superando o singular – que supunha possível propor e resolver o problema do conhecimento.

O condicionamento das mudanças radicais na vida social, pela ciência e pela tecnologia, teve as consequências práticas já apresentadas, que vão desde a ciência e a tecnologia, abarcam a produção e a vida cotidiana em geral e influem, ao mesmo tempo, nas concepções sobre os conhecimentos e sobre o valor das diversas atividades humanas. As mudanças radicais já tiveram lugar, primeiro, como transformação material da base produtiva e de todo o ambiente material da vida cotidiana, desde os instrumentos de trabalho até os meios para a realização das atividades caseiras. Segundo e, simultaneamente, como uma transformação subversiva dos sujeitos dessa vida cotidiana das pessoas.

No primeiro capítulo, argumentamos sobre este processo como subversão material e espiritual da vida cotidiana, que tem um de seus centros na mudança de atitude dirigida à novidade, agora não somente favorável, mas sim totalmente exposta ao apetite desenfreado pelo novo. Acompanhada da propaganda comercial e da ideologia do consumismo, este apetite pelo novo se potencializa em sua vertente negativa, que incrementa a falta de consciência e o consumismo como modo de satisfação das necessidades. Mas seu resultado não tem um destino inevitável nesta direção. Sua ambivalência consiste em que, simultaneamente, é a fonte de uma ativação dos sujeitos individuais e coletivos, que é vital para a transformação da política e da cidadania.

O deslocamento, que enunciamos no início desta seção, não consiste somente na transformação das atividades científicas e tecnológicas que caracterizamos. Implica, além disso, a mudança da atividade tecnológica e do lugar dos seres humanos nela. Tem assim duas manifestações: a tecnologia coloca-se em um novo lugar na produção de conhecimentos e na percepção social que dela se tem. Os seres humanos são realocados, conferem-lhes outro "lugar" no ambiente tecnológico. Tudo isso tem consequências importantes para a política e para o traçado das políticas.

Por sua vez, a tecnologia ocupa um novo lugar: é reconhecida como geradora de conhecimentos, portadora de uma dinâmica própria, não pode ser reduzida a derivação ou apêndice da ciência, demandando uma atenção diferenciada. Simultaneamente, não pode ser concebida separada, independente ou à margem da ciência. O estreito entrelaçamento entre ciência e tecnologia vislumbra-se em termos como tecnociência, e tem formas materiais concretas nos conglomerados que enlaçam as atividades de pesquisa científica, de produção de tecnologias, seu uso, e as novas demandas cognoscitivas e práticas que se geram.

O deslocamento prático, antes mencionado, é acompanhado de uma percepção social da tecnologia completamente distorcida, que gera uma série de paradoxos, de contrastes entre o que a tecnologia de fato é e o que o grande público supõe que ela seja. A tecnologia recolocou-se no imaginário social mas, simultaneamente, o que se colocou nesse imaginário é muito distante com relação ao que a tecnologia representa.

Esta divergência é fonte de ilusões e rejeições que fazem parte importante do que se deve considerar para o traçado de políticas em ciências e tecnologia pois movem-se dos extremos da aceitação acrítica ao rechaço injustificado, incluindo ambos. Isto abre, simultaneamente, oportunidades para a inserção social da ciência e da tecnologia em diversos campos, como a educação, e representa desafios fundamentais para a realização das políticas, onde é imprescindível introduzir o reconhecimento da diversidade epistemológica do mundo e o diálogo de saberes.

Finalmente, um terceiro deslocamento é relevante. A consideração da hipertecnologia ou metatecnologia que introduz uma correção fundamental na compreensão da tecnologia. Na fase metatecnológica, caracterizada pela criação de instrumentos de trabalho de novo tipo – que substituem funções de direção antes exclusivas dos seres humanos mediante o aproveitamento das retroalimentações da comunicação entre objetos –, a tecnologia deixa de ser um enlace de processos para se converter no meio pelo qual se realiza a atividade humana.

Esta nova fase, que é acompanhada por traços distintivos como o desenvolvimento impetuoso da informática e das telecomunicações, produz uma mudança social fundamental ao criar condições novas para a constituição de uma sociedade humana em âmbito planetário e, simultaneamente, aprofunda os processos de diferenciação, globais e locais, o que se transforma em um desafio adicional considerável para o traçado de políticas, que agora não apenas devem considerar a ciência e seu lugar e impacto na sociedade, mas também a transformação em grande escala que se produz na sociedade e nas pessoas em amplitude planetária.

O teletrabalho, a criação de comunidades de aprendizagem nos meios laborais, redes sociais e novos espaços públicos *on line*, são uma manifestação prática do avanço científico e tecnológico que, por sua vez, deslocam as comunidades científicas e a sociedade em seu conjunto para novas zonas de avanço e de estancamento.

Como parte das mudanças fundamentais que estamos analisando, recordemos a transformação das atividades e das profissões que ocorrem em nossos dias. O fechamento da última fábrica de máquinas de escrever, a venda de suas últimas produções, o fechamento de edições impressas de famosas revistas que passam para a esfera digital, ou a existência de uma última fábrica de papel carbono, não simbolizam tão só mudanças tecnológicas que deslocam velhos produtos. Simbolizam uma transformação profunda do lugar onde a vida humana se realiza, e o deslocamento da tecnologia – de "instrumento" ou "processo" que se utiliza – para campo onde se realiza a atividade. *Tudo isto incide, decididamente, na cidadania e na ética.*

As mudanças que caracterizamos desde o primeiro capítulo tiveram repercussões básicas na ética e na cidadania. Do ponto de vista ético, a velha ideia que assegurava a suposta neutralidade axiológica da ciência e dos conflitos científicos não perdeu somente todo traço de pertinência. A mudança nos conhecimentos e nas tecnologias, desde os anos setenta do século XX, trouxe consigo o choque dos costumes e dos valores com os novos conhecimentos. Desde então, as problemáticas éticas e bioéticas crescem, multiplicam-se e incrementam as demandas cidadãs.

Por sua vez, entendida como tecnociência, a marca das mudanças cognoscitivas e práticas, de mãos dadas com as transformações políticas e econômicas, produziu uma reativação dos sujeitos sociais. Nesta reativação devemos considerar vários aspectos concorrentes:

1. *Os conhecimentos e a aproximação/afastamento das distâncias entre as atividades profissionais e a vida cotidiana.*

   A elevação dos níveis educacionais, o avanço dos conhecimentos e as facilidades de acesso às informações provenientes da ciência e da tecnologia – de mãos dadas com a introdução de seus resultados na vida cotidiana – trouxeram consigo a ativação cognoscitiva das pessoas, dos grupos sociais e das sociedades em seu conjunto.

   A transição para meios de comunicação mais audiovisuais que se introduzem primeiro na vida doméstica, os meios digitais e o acesso a redes e bases de dados que tornam acessíveis e popularizam os conhecimentos científicos, tiveram um efeito de ativação cognoscitiva, que se recolhe, parcialmente, e de maneira otimista, em conceitos como sociedade da informação e dos conhecimentos.

Apesar do aspecto contraditório deste último termo, sem dúvida o lugar dos conhecimentos mudou nas sociedades contemporâneas e nos sujeitos sociais. Ao mesmo tempo, a segmentação e o aprofundamento dos conhecimentos produzem uma separação, cada vez maior, dos campos disciplinares e destes com respeito à vida cotidiana, fazendo das atividades científicas e tecnológicas campos distantes, onde se maneja o "desconhecido".

Este novo halo de mistério que envolve as atividades científicas e tecnológicas, junto com o manejo sistemático das informações e o interesse das pessoas pelo estado da ciência, produz reações opostas, cientificistas e laudatórias da ciência e da tecnologia, e anticientíficas e críticas à inflexibilidade desses mesmos avanços.

Alcançar uma reflexão crítica, cidadã e ponderada não parece possível nas condições atuais sem um esforço educativo especial, pois o que ocorre não se deve à indiferença, excesso de atenção ou superficialidade das perspectivas das pessoas. A bioética tem algo a nos dizer a este respeito.

Em seus quarenta anos de existência como nova disciplina acadêmica, a bioética deixou claro que as reações da sociedade à ciência e à tecnologia não dependem somente da existência de preconceitos, ou de uma maior ou menor informação disponível e veraz.

O assunto é mais complexo, porque inclui o choque entre as identidades humanas – historicamente configuradas – a formação de novas identidades, as distâncias entre a ciência e os conhecimentos técnicos e a vida cotidiana das pessoas, e outras, que se expressam no choque entre os conhecimentos e os valores.

As políticas não podem considerar a relação entre tecnociência e comunidade, tecnociência e sociedade, como uma relação de informação/desinformação, verdade/erro, conhecimento/preconceito. A aceitação social da ciência e da tecnologia inclui a informação, a educação, a expressão dos critérios divergentes, a deliberação e a formação de consensos.

Para os mais otimistas, tudo isto é possível e necessário; enquanto para os menos otimistas pode se considerar uma utopia irrealizável, ou inclusive um processo desnecessário, pois a ciência e a tecnologia se imporão por si mesmas sob o peso de prova da eficácia. Esta última postura extrema parece compartilhada por uma parte do público que, indiferente às questões da ciência e da tecnologia, delegaram quase completamente a tomada de decisões aos especialistas (cientistas e políticos).

Este vem a ser um dos problemas centrais para a política, e foi caracterizado como o problema da falta de democracia cognoscitiva e comunicacional, ou seja, o problema da delegação do poder dos conhecimentos e da comunicação, que após um longo processo histórico migrou da sociedade aos especialistas.

Nisto, será fundamental considerar que a política e a ciência são atividades que se modificaram profundamente, o que torna necessário nos perguntar se são capazes de manter intacta sua pertinência social sem modificar-se nas novas situações. O pensamento complexo contribuiu para pensar teoricamente estas problemáticas da diversidade de saberes, o diálogo entre eles, e a ativação cognoscitiva dos diversos sujeitos humanos.

Apesar da contradição deste processo de ativação cognoscitiva e de aproximação/distanciamento entre as atividades profissionais e a vida cotidiana, o tratamento dos dilemas e conflitos bioéticos demonstrou que os interesses da cidadania, sua capacidade para contribuir com a busca de soluções aos problemas, e sua contribuição ao controle social dos conhecimentos e das atividades científicas e tecnológicas, são reais e podem ser potencializados com políticas de ciência e tecnologia que considerem essa ativação, propiciem o diálogo de saberes e proponham como meta o movimento em direção a uma democracia cognoscitiva e comunicacional.

2. *A insuficiência das compreensões da cidadania que a reduzem a um conjunto de direitos e deveres.*

3. *A insuficiência da redução da cidadania ao indivíduo, entendido como átomo social e da sociedade a um conglomerado desses "átomos".*

A redução da cidadania a um conjunto de deveres e direitos deixa de lado a questão fundamental das identidades e das solidariedades. O sentido da cidadania está longe de radicar no indivíduo isolado que toma decisões em condições de "liberdade". A cidadania implica pertencimento, solidariedades, colaboração, e é este aspecto do assunto que, potencializado a partir das políticas de ciência e tecnologia, pode elevar o valor social da participação na tomada de decisões e incidir em sua eficácia e permanência no tempo.

Por sua vez, a redução da cidadania ao individual ignora que nem os indivíduos são átomos sociais, nem a sociedade se reduz a eles. Isto concerne ao destacado, no ponto anterior, com respeito às solidariedades e à comunidade: elevar o sentido da identidade, também individual, e ao mesmo tempo o lugar que é conferido às estruturas sociais e ao Estado como macroestrutura.

Para o pensamento social e para as práticas políticas do século XX, o lugar do indivíduo foi maltratado, seja por excesso na tendência a colocá-lo acima da sociedade, ou por carência ao tentar subordiná-lo completamente e diluí-lo nela, ou no Estado como substituto. Encontrar um justo meio entre estas posturas é impossível, pois a polaridade indivíduo-sociedade não permite a existência de um meio termo. O dilema deve ser reformulado completamente no nível em que estes extremos existem de maneira completa: na esfera comunitária.

Para as políticas de ciência e tecnologia isto possui uma importância principal, pois o centramento na sociedade, em geral, termina na estrutura reconhecível do Estado, com sua capacidade inerente de representar/não representar a sociedade concreta. O descentramento, por sua vez, poderia facilitar compreensões e ações que permitissem um avanço científico e tecnológico, estreitamente vinculado às necessidades reais das comunidades, e não à representação que delas se tem nas instâncias científicas e políticas através de seus especialistas.

4. *A heterogeneidade do processo de reativação dos sujeitos sociais e sua polarização.*

Por sua vez, a heterogeneidade do processo de reativação dos sujeitos sociais e sua polarização evidenciam que não estamos diante de um processo uniforme, no qual uma tomada de consciência massiva permitiria uma mudança radical. Amplos setores permanecem à margem destas problemáticas e esperam, da ciência e da tecnologia, o cumprimento dos sonhos de bem-estar que tomaram forma política, há mais de cem anos. Outros mais ativos, caem em radicalismos anticientificistas e em utopias antitecnológicas.

Tudo isto evidencia, uma vez mais, que um componente fundamental a ser incluído nas políticas é a educação. Há de ser educação ao mesmo tempo científica, comunitária e cidadã. Uma educação genuína, que evite o doutrinamento e se baseie na compreensão da autonomia dos cidadãos; na existência de identidades comunitárias e nos distintos níveis dentro da sociedade; que respeite estas autonomias e identidades, e que lhes conduza com relação à ciência e à tecnologia, a uma participação ativa e que simultaneamente delegue poder de conhecimento a representantes legítimos.

Para isso, requer-se uma reforma educativa que habilite o pensamento complexo e se dirija, a um só tempo, à comunidade acadêmica e científico--tecnológica (à qual urge o aprendizado das identidades e da cidadania) e à cidadania (à qual urge um aprendizado em ciência e tecnologia).

Em seu duplo direcionamento, a reforma educativa teria como propósito principal não instruir, e sim contribuir para potencializar o diálogo de saberes, e consolidar uma delegação de poder baseada no consentimento informado, educado e cidadão. A legitimidade dos representantes, aos quais se delegue o conhecimento, dependerá de alcançar tal consentimento. Sem ele, a falta de democracia cognoscitiva e comunicacional seria perpetuada.

5. *A necessidade de uma reconsideração da globalidade em que estão incluídos os sujeitos, as comunidades e as sociedades contemporâneas.*

Finalmente, um problema fundamental para a política, e para a formação de políticas públicas em ciência e tecnologia, consiste em reconsiderar a totalidade na qual se desenvolvem os processos sociais contemporâneos, por mais isolados e singulares que pareçam. Os sujeitos, as comunidades e as sociedades contemporâneas fazem parte de um processo que os engloba, e tem a face sociopolítica reconhecível na globalização.

No entanto, está longe de ser um processo que atinge somente as relações de poder e dominação econômica, política e cognoscitiva. A humanidade se encontra em meio a um processo de mudança fundamental, que deve ser considerado, especialmente, nas políticas de ciência e tecnologia.

Dupla contextualização global-local na formação das políticas públicas

A compreensão dos processos globais, na contemporaneidade, requer a superação das visões estreitas que os reduzem à intencionalidade política e econômica direta que limita com as teorias da conspiração, aquela que os cobre de um manto laudatório e uma generalização que invisibiliza os extremos de pobreza e exclusão que a última vertente globalizadora neoliberal, posterior a 1989, aprofundou. Atravessando os processos reais, que incluem intencionalidade e formas políticas e econômicas neoliberais, há processos tecnológicos e científicos que identificamos antes, e processos ambientais, que contribuem com mudanças radicais.

Encontramo-nos em um ambiente global de policrise, crises múltiplas, que manifestam e escondem uma crise fundamental: a crise da humanidade que clama por se converter em humanidade. Esta concepção nos oferece um cenário geral coerente para compreender a necessidade de pensar as políticas considerando:

1. O contexto global-local;
2. A transformação da esfera política, e
3. A transformação da cidadania.

O contexto global-local implica que as políticas não podem ser nem localistas, à margem da globalidade, nem globalistas ingênuas que descuidem das identidades e pretendam uma inserção global "plena" e imediata. As identidades locais, à margem do processo globalizador, somente garantiriam sua extinção, esquecidas e arrastadas pelo processo globalizador. Por sua vez, a inserção, de costas para essas identidades, as faria desaparecer, por diluição no contexto global, dominador e excludente. Este é um ponto que se considera quase como uma verdade evidente. Contudo, não é tão claro o assunto quando se propõe o lugar que a autonomia dessas identidades há de ter no processo.

As formas estatais de organização e estruturação da vida social protegem as identidades frente ao processo globalizador, mas a tutela, ignorando a autonomia, converte-se em aliada do processo de exclusão que a globalização gera. De onde, são necessárias políticas de ciência e tecnologia que propiciem um desenvolvimento local onde a autonomia seja o eixo aglutinador do global e do local, tanto na esfera geral planetária quanto na nacional, onde a estrutura do Estado tende a suplantar essas autonomias.

Este é um problema de política que está longe de ser trivial e não se resolverá de maneira simples, em especial, nas sociedades como a cubana, onde o Estado e a centralização estatal desempenharam um papel que, com frequência, substitui e anula essas identidades. No quadro de uma situação tão complexa, a identificação do local com as formas de estruturação do Estado e dos poderes públicos (municípios, conselhos populares) não necessariamente coincide com o local, e poderia reforçar o efeito de substituição antes mencionado.

Por sua vez, a transformação da esfera política é uma urgência da vida transformada, consequência da mudança científica, tecnológica e social que teve lugar nos últimos cinquenta anos. Neste lapso de tempo, a política estendeu suas fronteiras para abarcar, praticamente, todo o domínio do social. Não há esferas excluídas da política, e não há fronteiras estritamente definidas do político. Trata-se de um processo mundial que é acompanhado pela profissionalização da política e pela conversão desta atividade – vital para a condução dos processos sociais – em uma atividade cada vez mais técnica executada por pessoas especialmente preparadas e dedicadas a isso.

Cuba não está excluída deste processo global de tecnificação e especialização da política, e apesar da existência de um processo social participativo e revolucionário, não poderá instrumentar formas de participação genuínas que reconheçam a autonomia sem uma reconfiguração da política e do político. É um desafio que coincide, ademais, com processos de transformação social e do Estado em seu conjunto.

Finalmente, em um mundo globalizado, a transformação da cidadania deu passos importantes nas últimas décadas. À problemática formal e prática, que introduziu e estendeu a compreensão liberal dos direitos humanos, depois da Segunda Guerra Mundial; e aos avanços e retrocessos da democracia e da participação nos assuntos políticos de maneira direta; às lutas eleitorais e às revoluções e insurreições, acrescentou-se, nos anos setenta, uma forma relativamente nova por sua direcionalidade.

A problemática ambiental adicionou um tipo de ativismo cidadão que, sem pretender mudar a estrutura do poder, conduziu a mudanças importantes na participação política de pessoas, até então distantes dessas preocupações. Um valor agregado foi, neste caso, a natureza "ambiental" das referidas preocupações. Note-se que antes de que a problemática ambiental fosse amplamente reconhecida como política na Cúpula do Rio, já havia sido proposta pela sociedade nos movimentos ambientalistas.

Nesta mesma época, os conflitos éticos no atendimento à saúde introduziram a agenda bioética, primeiro com um sentido político limitado à defesa dos indivíduos, mas cada vez mais crescente, até alcançar a dimensão de uma ética política defensora da cidadania, no terreno político, mas não com assuntos relativos ao poder do Estado e sim a este poder em sua vinculação com os avanços científicos e tecnológicos.

Em época mais recente, as preocupações alcançaram uma forma política direta ao se expressar através de preocupações ambientais que atingem, não os indivíduos e sua saúde individual exclusivamente, mas sim que procuram representar o bem-estar em um sentido amplo, a fim de incluir também o restante dos seres vivos e a vida em seu conjunto. Nesta última vertente, as problemáticas da ciência e da tecnologia passaram a primeiro plano, tanto nas propostas de soluções quanto nas críticas e questionamentos à introdução dos resultados do avanço científico e tecnológico na vida social.

Ao enfrentar estes complexos processos e considerá-los parte de um contexto do passado (ou seja, ao não levar em consideração que estamos em condições de metatecnologia, de introdução crescente dos resultados da ciência e da tecnologia na vida social, diante de um processo de diferenciação, entrelaçamento e exclusão como resultado dessa ciência e dessa tecnologia introduzidas), pode-se cair com muita facilidade em um erro de cálculo, que considere a aceitação tácita da população aos resultados da ciência e da tecnologia como um sinal positivo ou uma vantagem. Na realidade, não é mais que a aparência de silêncio e tranquilidade que antecede uma tormenta que se avizinha.

Se vivemos em condições de uma vida transformada, onde mudaram os meios, a comunicação, as profissões, e onde a exclusão não se reduz a processos socioeconômicos e políticos, mas tem sinais cognoscitivos, científico-tecnológicos e globais, requer-se pensar a política de ciência e tecnologia em uma dupla contextualização global e local, local e global.

Do ocorrido no cenário internacional, nos últimos tempos, podem ser extraídas algumas lições importantes. A indignação foi entendida na imprensa, quase completamente, como um fenômeno que tem a ver com a deterioração da vida social pelo impacto das políticas neoliberais. No entanto, a mensagem contida em "Indignem-se" e "O caminho da esperança", disseminada pelos indignados, em diversos confins do planeta, permitem constatar:

I. Primeiro que a indignação concerne, sobretudo, à perda de poder da cidadania, e neste processo também participam a ciência, a tecnologia e a delegação do poder do conhecimento aos especialistas.
II. Segundo, que há traços distintivos do movimento como a recuperação dos espaços públicos; o

> chamado à paz e à deliberação; o compromisso com os demais; a crescente conectividade e crescimento das solidariedades horizontais; a autogestão; o descentramento e o funcionamento em rede, que expressam potencialidades da cidadania renovada, cruciais para a participação e para a transformação da própria cidadania.

São variáveis científicas, tecnológicas, éticas, políticas e cidadãs que a política superdimensionada tem que levar em conta.

SUPERDIMENSIONAMENTO DA POLÍTICA

O superdimensionamento da política consiste em que as fronteiras do político se fizeram cada vez mais difusas e a política chega a abarcar tudo. Como parte disso, o conceito de democracia, entendida como forma de organização do regime político, é um conceito estreito e insuficiente.

Se a política se tornou uma atividade de limites difusos, a democracia deve ser também recontextualizada, compreendida de novo para abarcar o fenômeno da vida social em seu sentido mais amplo, desde a organização da vida no lar e na comunidade até o exercício dos poderes públicos.

Para este conceito de democracia é fundamental compreender o cenário, que não é outro senão o da comunidade que se forma. A democracia é, em geral, um conceito abstrato e vazio. Falemos de democracia em comunidades específicas, das locais às nações e povos; pois, para construir uma vida democrática, é necessária a formação de uma comunidade que viva democraticamente.

Não se trata, então, de um conjunto de deveres e direitos políticos, mas sim de uma forma de organização do viver que se pense a partir da comunidade e do pertencimento à comunidade, não importa quão ampla seja essa comunidade. A democracia, assim entendida, nos permite deixar claros os limites da tolerância, pois tudo o que fortaleça e engrandeça a comunidade e a sua vida, incluídos os dilemas, os conflitos e o debate de ideias, cabem nela.

Mas a inclusão democrática não é ilimitada: tem um limite claro na comunidade que pretende viver democraticamente, e o que a destrói não é aceito nem tem cabimento nela. Viver democraticamente implica um debate constante de ideias diversas, onde não cabem as que são destruidoras da comunidade.

Simultaneamente, a compreensão da democracia deve incluir os conhecimentos, assim como uma nova atitude para com a ciência e as tecnologias, que seja inclusiva e ao mesmo tempo diferenciadora a partir da perspectiva que oferece a comunidade que vive democraticamente.

Necessitamos educar para apreender este conceito ampliado de democracia e implementá-lo na vida. E é, novamente, um exercício prático que transcende a escola e a institucionalidade educativa, mas não deixa de ser por isso um processo de educação social, em grande escala, que chegará a ser em si mesmo um exercício de reconstrução da vida social em seu conjunto.

Esta reconstrução da democracia, como conceito e como prática, é parte da reforma do pensamento e componente principal do pensamento do Sul.

Assumir o pensamento do Sul para transformar a educação, a sociedade e a vida

A academia e a política têm, diante de si, um desafio complexo que somente pode ser abordado mediante um exercício sistemático de diálogo e colaboração que inclua a geração de uma nova atitude para com o cidadão, que identifique e se nutra de fontes renovadas como o pensamento do Sul. Conhecer sua existência não basta, é necessário assumi-lo.

Assumir o pensamento do Sul não é um exercício intelectual: é um exercício prático de transformação da vida, é o início do caminho por uma das vias principais para realizar a metamorfose da humanidade.

Assumir o pensamento do Sul é nos abrir à diversidade da qual fazemos parte, diversidade social e política, e diversidade de vida. O pensamento do Sul deve ser primeiro apreendido, e logo, simultaneamente, devolvido em ações que nos permitam enfrentar as complexidades de nossas vidas, a complexidade das realidades humanas e a complexidade do mundo.

Assumir o pensamento do Sul significa, além disso, um esforço intencional para habilitar os conhecimentos, e avançar na busca da sabedoria necessária para operacionalizar os conhecimentos. Nisto, vão juntos Edgar Morin e Van Rensselaer Potter, fundadores do pensamento complexo e da bioética, respectivamente.

Essa sabedoria problematiza a sabedoria e reconhece o estreito vínculo entre razão e paixão, a totalidade do mundo espiritual dos seres humanos, posto que não existe razão sem paixão nem paixão sem razão. Significa então, restaurar o concreto, o afetivo, o singular de nossas vidas, a poesia e as solidariedades concretas, mundializar a solidariedade planetária e a compreensão, o sentido de pertencimento às nossas comunidades e à comunidade planetária da Terra-Pátria.

A educação, a sociedade e a vida se transformariam em um esforço que reverberaria de uma a outra. A educação que incorpore o pensamento do Sul e contribua para a sua instrução seria, ao mesmo tempo, transformação da educação propriamente dita e da sociedade, que transformaria a vida, que transformaria, por sua vez, a educação, a sociedade, e que voltaria em novas espirais à transformação da vida.

A transformação da educação, da sociedade e da vida significa, além disso, que o pensamento do Sul terá que restaurar valores que nele permanecem fortes, como o sentimento de honra e de hospitalidade. Promoverá a regeneração ética das solidariedades e das responsabilidades, e defenderá a autonomia moral e intelectual que incluem a busca da verdade e a abertura estética. Ambas nos fazem estar plenamente conscientes das profundas emoções propiciadas pelas artes, pela literatura e pelo espetáculo da natureza.

Assumir o pensamento do Sul significará estabelecer fortes vínculos entre saberes-conhecimentos-capacidades de toda índole: individuais, institucionais, coletivos, tecnológicos e científicos, comunitários. A ampla agenda política não poderá ser gerenciada somente por especialistas, sejam estes políticos, cientistas, ou a amálgama de políticos e cientistas.

O êxito de qualquer esforço realizado para abordar os problemas fundamentais da humanidade dependerá da presença e da participação plenas da academia científica e tecnológica, da intelectualidade do mundo, e da cidadania através de representantes legítimos e da participação direta. Tal concorrência da heterogeneidade humana no complexo: política, saberes, conhecimentos, participação cidadã, redes sociais, criação aberta, possibilitará a criação de inovações radicais e a geração dos consensos necessários para assumir os riscos que implicam.

Assumir o pensamento do Sul abrirá à refundação da esperança, da metamorfose da humanidade, que é sua missão.

EPÍLOGO

Viver, Repensar, Reinventar

A cada dia, no mundo todo, pessoas das mais diversas idades, educandos e educadores, se empenham em sua tarefa educativa. Partindo do mundo interior dos indivíduos, do seio das famílias e das mais diversas organizações, a curiosidade e o desejo humano de aprender encontra rumos para tornar possível o encontro consigo mesmo e com o nosso mundo. Em uma dança de interesses e propósitos, constroem-se, entrelaçam-se e se mesclam os destinos individuais e coletivos. Por trás das finalidades visíveis e das necessidades sentidas, ou de um propósito invisível e maior, abre o acesso e os unifica: aprender a viver.

A preocupação pela pertinência da educação e do ensino motiva numerosos autores a pensar e repensar os percursos e as práticas estabelecidas. Passo a passo, a preocupação pela urgência do cotidiano cedeu lugar ao discurso lúcido que advoga pela transformação profunda, a fim de que a educação volte a ser e chegue a ser uma atividade centrada no aprender a viver.

Dois livros recentes fazem parte deste caudal, e nos convidam a considerar a situação que atravessa e as perspectivas de futuro da educação existente. Diferenciam-se em muitos aspectos concretos, porém se identificam em questões fundamentais: na crítica ao estado atual da educação, na proposta de mudanças não conjunturais ou instrumentais, e sim mudanças de fundo para transformar radicalmente a educação e colocá-la em consonância com as necessidades da vida humana num mundo transformado. Esses livros são: *Ensinar a viver – manifesto para mudar a educação,* de Edgar Morin, e *Repensar a educação – rumo a um bem comum global?* elaborado por um grupo de especialistas para a UNESCO. Acrescentamos a estes esforços o livro que está em suas mãos: *Reinventar a educação – abrir caminhos para a metamorfose da humanidade.*

Em algum momento de sua trajetória, os fins da educação se alteraram, e o fim supremo que é aprender a viver cobriu-se com um véu de obscurecimento quase ao ponto de desaparecer. A centralidade da vida há de ser retomada pela educação e esta, sua finalidade maior, deverá colocar-se novamente no horizonte como farol e destino. É um modo essencial de reinventar a educação a partir de seu objetivo mais estratégico.

O texto dá continuidade ao caminho empreendido em *Os sete saberes necessários à educação do futuro, A cabeça bem-feita* e *Educar na era planetária,* para aprofundar a mensagem crítica e esperançosa de Morin: a reforma do ensino e do pensamento não se reduz a uma reforma institucional, de infraestruturas ou de procedimentos. Não é um assunto exclusivamente institucional, deve levar em consideração e centrar-se nos indivíduos concretos, no que eles conhecem e compreendem, no viver e na condição humana que os identifica e os define. A reforma que ali se propõe, partindo do indivíduo e de suas circunstâncias sociais e biológicas, há de vencer obstáculos, conservando e revitalizando. Para atingi-la, deve-se recolocar o objetivo da educação no topo, como orientação e guia, tal qual lhe corresponde. Por isso dirige-se à aprendizagem para viver.

Esta reinvenção retoma a mensagem de Rousseau e dos grandes humanistas: ensinar é ensinar a viver; recoloca o indivíduo e suas circunstâncias sociais e ambientais no centro da atenção educativa. Reinventar a educação se expressa aqui nos imperativos: viver, compreender, conhecer a humanidade e o humano. Significa aqui trabalhar por uma educação que deixe de ser apenas um dos dispositivos com o qual contam as sociedades para acolher, acompanhar, seduzir, conduzir e controlar, e transformá-la para que recupere e realize em novas condições, sua finalidade: tornar possível aprender a viver em nosso tempo.

Este livro encontrava-se em processo de revisão, quando veio à luz a obra coletiva gerida na UNESCO, significativa por seu alcance e próxima pelas preocupações que a animam, pela direção na qual se buscam soluções para os problemas da educação e pela importância que se concede – neste empenho – a mudança em direção a um pensamento complexo e contextualizador.

Seus autores, especialistas internacionais convocados pela UNESCO, apresentam em quatro capítulos um informe detalhado sobre a educação, que se volta sobre problemas fundamentais: a sustentabilidade, a reafirmação da visão humanista, a formulação de políticas de educação num mundo complexo, e a pergunta pela educação como bem comum.

Destaca-se nesse informe o reconhecimento dos autores sobre a complexidade, as incertezas do mundo atual e a relevância de considerá-las a fim de pensar as mudanças prementes. É coincidente, além disso, com a compreensão da necessidade de uma mudança epistemológica como fundamento da transformação educativa. Informa, convida a repensar e propõe mudanças estratégicas, em escala planetária, comprometidas com a perspectiva epistemológica complexa e aberta à diversidade humana. É um documento reflexivo e crítico que convoca os líderes e a comunidade acadêmica mundiais para empreender transformações profundas do estado de coisas existente na educação.

Este livro é um aporte a estas transformações. Toma a primeira como seu antecedente natural e reconhece na segunda as mesmas preocupações que nos animam a propor a reinvenção da educação, visto que a policrise da humanidade contemporânea não tem saídas se utilizarmos as ferramentas e o pensamento que nos fizeram cair nela. Afirmamos também que precisamos reinventar a educação não para propiciar uma melhora circunstancial, e sim para abrir caminhos em direção a uma metamorfose da humanidade, para uma mudança humana que permita revolucionar e preservar a fim de encontrar soluções aos problemas fundamentais da humanidade contemporâneos. Reconhecemos que não basta colocar o indivíduo no centro da atenção, nem tornar visível e patente o vínculo educação-política, nem advogar por uma reforma profunda do pensamento e do ensino.

Reinventar a educação significa enlaçar a cidadania com a transformação da política e das reformas do pensamento e do ensino; fundir em uma as reformas do pensamento, do ensino, da política e da vida.

Bibliografia

Especialistas internacionais, *Repensar a educação – Rumo a um bem comum global?* Publicado pela Organização das Nações Unidas para a Educação, a Ciência e a Cultura, 7, Place de Fontenoy, 75352 Paris, França e Representação da UNESCO no Brasil, 2016.

Delgado Díaz, Carlos Jesús, *Límites socioculturales de la educación ambiental (acercamiento desde la experiencia cubana),* Siglo XXI editores, México, 2002.

Delgado Díaz, Carlos Jesús, *Hacia un nuevo saber. La bioética en la revolución contemporánea del saber,* Acuario, La Habana, 2007. Primeira edição colombiana, Colección Bios y Oikos Nº 2, Ediciones El Bosque, Santafé de Bogotá, 2008. Segunda edição cubana, Acuario, La Habana, 2012.

Freire, Paulo, *Política e educação,* Paz e Terra, São Paulo, 2014.

Hessel, Stéphane e Edgar Morin, *O caminho da esperança,* Bertrand Brasil, Rio de Janeiro, 2003.

Maldonado Castañeda, Carlos Eduardo, Sergio Néstor Osorio, Carlos Jesús Delgado Díaz, *Ciencias de la complejidad, desarrollo tecnológico y bioética. ¿Para qué sirve la bioética global?*, Colección Bioética 12, Universidad Militar de Nueva Granada, Santafé de Bogotá, 2013.

Morin, Edgar, *O método 1 – A natureza da natureza*, Sulina, *Porto Alegre*, 2002. Primeira edição em francês: Éditions du Seuil, 1977.

Morin, Edgar, *O método 2 – A vida da vida*, Sulina, Porto Alegre, 2002. Primeira edição em francês: Éditions du Seuil, 1980.

Morin, Edgar, *O método 3 – O conhecimento do conhecimento*, Sulina, Porto Alegre, 2002. Primeira edição em francês: Éditions du Seuil, 1986.

Morin, Edgar, *O método 4 – As ideias: habitat, vida, costumes, organização*, Sulina, Porto Alegre, 2002. Primeira edição em francês: Éditions du Seuil, 1991.

Morin, Edgar, *O método 5 – A humanidade da humanidade: a identidade humana*, Sulina, Porto Alegre, 2003. Primeira edição em francês: Éditions du Seuil, 2001.

Morin, Edgar, *O método 6 – Ética*, Sulina, Porto Alegre, 2005. Primeira edição em francês: Éditions du Seuil, 2004.

Morin, Edgar, *Os sete saberes necessários à educação do futuro,* Cortez, UNESCO, 2000.

Morin, Edgar "Estamos en un Titanic", 2001, (texto em espanhol): http://www.pensamientocomplejo.com.ar/docs/files/morin_estamos-en-un-titanic.pdf

Morin, Edgar, *A via – para o futuro da humanidade,* Bertrand Brasil, Rio de Janeiro, 2013.

Morin, Edgar, *A cabeça bem-feita – repensar a reforma, reformar o pensamento,* Bertrand Brasil, Rio de Janeiro, 2000.

Morin, Edgar, *Ensinar a viver – manifesto para mudar a educação,* Sulina, Porto Alegre, 2015.

Morin, Edgar; Ciurana, Émilio-Roger; Raúl Domingo Motta, *Educar para a era planetária,* Cortez, São Paulo, 2003.

Morin, Edgar e Anne Brigitte Kern, *Terra-Pátria,* Sulina, *Porto Alegre, 1996.*

Potter, Van Rensselaer, *Bioethics Bridge to the Future,* Prentice-Hall, Nova Jersey, 1971.

Potter, Van Rensselaer, *Global Bioethics. Building on the Leopold Legacy,* Michigan State University Press, East Lansing, Michigan, 1988.

FSC
www.fsc.org
MISTO
Papel produzido
a partir de
fontes responsáveis
FSC® C133282

Texto composto em Versailles LT Std.
Impresso em papel Avena 80g na Gráfica Paym